Sabores Espanhóis
Uma Jornada Culinária pela Espanha

Marta Rodriguez

CONTENTE

CORDOVÃO SALMOREJO 23
    CONTENTE..23
    RASCUNHO..23
    TRAPACEANDO 23

SOPA DE CEBOLA 24
    CONTENTE... 24
    RASCUNHO... 24
    TRAPACEANDO 24

SOPA ITALIANA COM CARNE E LEGUMES.........................25
    CONTENTE..25
    RASCUNHO..25
    TRAPACEANDO 26

sopa de lagosta 27
    CONTENTE..27
    RASCUNHO..27
    TRAPACEANDO 28

UM ARCO COM VEGETAIS 29
    CONTENTE... 29
    RASCUNHO... 29
    TRAPACEANDO 30

ESCASSEZ DOMÉSTICA 31
    CONTENTE.. 31

- RASCUNHO 31
- TRAPACEANDO 31
- BOLO DE SALMÃO COM ABÓBORA 32
  - CONTENTE 32
  - RASCUNHO 32
  - TRAPACEANDO 33
- Alcachofras com parmesão e cogumelos 34
  - CONTENTE 34
  - RASCUNHO 34
  - TRAPACEANDO 35
- OVOS DO MAR 36
  - CONTENTE 36
  - RASCUNHO 36
  - TRAPACEANDO 37
- DRIG DE FEIJÃO COM SERRANA CRU 38
  - CONTENTE 38
  - RASCUNHO 38
  - TRAPACEANDO 38
- TRINXATO 39
  - CONTENTE 39
  - RASCUNHO 39
  - TRAPACEANDO 39
- BROCOLI GRATINADO COM MOLHO BACON E AURORA 40
  - CONTENTE 40
  - RASCUNHO 40

- TRAPACEANDO 40
- PORTA COM MOLHO VERDE E DAGANJIA 41
  - CONTENTE 41
  - RASCUNHO 41
  - TRAPACEANDO 42
- cebola caramelizada 43
  - CONTENTE 43
  - RASCUNHO 43
  - TRAPACEANDO 43
- COGUMELOS RECHEADOS SERRANO COM PRESUNTO E MOLHO PESTO 44
  - CONTENTE 44
  - RASCUNHO 44
  - TRAPACEANDO 44
- KARNANE COM AJOARRIER 45
  - CONTENTE 45
  - RASCUNHO 45
  - TRAPACEANDO 45
- couve-flor ralada 46
  - CONTENTE 46
  - RASCUNHO 46
  - TRAPACEANDO 46
- DUXELA 47
  - CONTENTE 47
  - RASCUNHO 47
  - TRAPACEANDO 47

SALMÃO FUMADO E ENDIVA KARBAL 48
    CONTENTE 48
    RASCUNHO 48
    TRAPACEANDO 48

SEGOVIAN EM LOMBARJ 49
    CONTENTE 49
    RASCUNHO 49
    TRAPACEANDO 50

SALADA DE PIMENTA ASSADA 51
    CONTENTE 51
    RASCUNHO 51
    TRAPACEANDO 52

ervilhas 53
    CONTENTE 53
    RASCUNHO 53
    TRAPACEANDO 54

GIRO DE CREME 55
    CONTENTE 55
    RASCUNHO 55
    TRAPACEANDO 56

BUTIFARRA BEBÊ FEIJÃO BRANCO 57
    CONTENTE 57
    RASCUNHO 57
    TRAPACEANDO 57

FEIJÃO CRU 58
    CONTENTE 58

RASCUNHO	58
TRAPACEANDO	59

ENSOPADO DE CORDEIRO 60
    CONTENTE 60
    RASCUNHO 60
    TRAPACEANDO 61

QUEIJO DE CABRA, MEL E CURN ELEIÇÃO MILF 62
    CONTENTE 62
    RASCUNHO 62
    TRAPACEANDO 62

PISTACHE COM SUMO BRANCO E SALMÃO FUMADO ... 64
    CONTENTE 64
    RASCUNHO 64
    TRAPACEANDO 64

PIMENTA PIQUILLO COM MORCILHA RECHEADA COM MOLHO DE MOSTARDA DOCE 65
    CONTENTE 65
    RASCUNHO 65
    TRAPACEANDO 65

Cardo com molho de amêndoa 67
    CONTENTE 67
    RASCUNHO 67
    TRAPACEANDO 68

PISTA 69
    CONTENTE 69
    RASCUNHO 69

TRAPACEANDO 70
VINAGRE VEGETAL ALHO-PORRO 71
    CONTENTE 71
    RASCUNHO 71
    TRAPACEANDO 72
Quiche de alho-poró, bacon e queijo 73
    CONTENTE 73
    RASCUNHO 73
    TRAPACEANDO 74
TOMATE À PROVENÇAL 75
    CONTENTE 75
    RASCUNHO 75
    TRAPACEANDO 76
CEBOLAS RECHEADAS 77
    CONTENTE 77
    RASCUNHO 77
    TRAPACEANDO 78
COGUMELO CREME DE NOZES 79
    CONTENTE 79
    RASCUNHO 79
    TRAPACEANDO 79
bolo de tomate e manjericão 80
    CONTENTE 80
    RASCUNHO 80
    TRAPACEANDO 80
Caçarola De Batata Com Frango Com Curry 82

CONTENTE 82

RASCUNHO 82

TRAPACEANDO 83

OVO DOCE 84

CONTENTE 84

RASCUNHO 84

TRAPACEANDO 84

SIGNIFICADO DA BATATA 85

CONTENTE 85

RASCUNHO 85

TRAPACEANDO 86

OVOS MOLLE DE PEDRA 87

CONTENTE 87

RASCUNHO 87

TRAPACEANDO 88

BATATA BAIXA E BRANCA 89

CONTENTE 89

RASCUNHO 89

TRAPACEANDO 90

OMELETE USADO COCIDO (ROUPAS VELHAS) 91

CONTENTE 91

RASCUNHO 91

TRAPACEANDO 92

Batatas recheadas com salmão defumado, bacon e berinjela 92

CONTENTE 92

RASCUNHO 92
TRAPACEANDO 93
GANCHOS DE BATATA E QUEIJO 93
    CONTENTE 93
    RASCUNHO 93
    TRAPACEANDO 94
BOAS FLORES 95
    CONTENTE 95
    RASCUNHO 95
    TRAPACEANDO 95
OVOS FLORENTINOS 97
    CONTENTE 97
    RASCUNHO 97
    TRAPACEANDO 97
SEGURO DE PEIXES E BATATAS DE CARREIRA DO LAGO
.... 99
    CONTENTE 99
    RASCUNHO 99
    TRAPACEANDO 100
OVOS ESTILO FLAMENCO 101
    CONTENTE 101
    RASCUNHO 101
    TRAPACEANDO 101
TORTILHA PAISANA 103
    CONTENTE 103
    RASCUNHO 103

TRAPACEANDO 104
Ovos assados com linguiça e mostarda 105
    CONTENTE 105
    RASCUNHO 105
    TRAPACEANDO 105
OMELETE DE BATATA COM MOLHO 106
    CONTENTE 106
    RASCUNHO 106
    TRAPACEANDO 107
PURUSALDA 108
    CONTENTE 108
    RASCUNHO 108
    TRAPACEANDO 109
BATATAS ASSADAS 110
    CONTENTE 110
    RASCUNHO 110
    TRAPACEANDO 110
Cogumelos fritos 111
    CONTENTE 111
    RASCUNHO 111
    TRAPACEANDO 111
OVOS EM UM PRATO COM HAMIS E AZEITONAS 112
    CONTENTE 112
    RASCUNHO 112
    TRAPACEANDO 113
BATATAS COM CREME DE PARMESÃO 113

CONTENTE 113

RASCUNHO 113

TRAPACEANDO 114

OVO COZIDO 114

CONTENTE 114

RASCUNHO 114

TRAPACEANDO 114

BATATA DE CHÃO 115

CONTENTE 115

RASCUNHO 115

TRAPACEANDO 115

OVO LEVE COM COGUMELOS, PORTADOR E PÁSSARO SELVAGEM 116

CONTENTE 116

RASCUNHO 116

TRAPACEANDO 117

Batatas fritas com chouriço e pimentão verde 118

CONTENTE 118

RASCUNHO 118

TRAPACEANDO 119

BATATAS DIFERENTES 119

CONTENTE 119

RASCUNHO 119

TRAPACEANDO 120

OVO COZIDO DO Grão-Duque 120

CONTENTE 120

- RASCUNHO 120
- TRAPACEANDO 121
- COSTELA DE BATATA 122
  - CONTENTE 122
  - RASCUNHO 122
  - TRAPACEANDO 123
- OVOS ASSADOS COM PÃO 123
  - CONTENTE 123
  - RASCUNHO 123
  - TRAPACEANDO 124
- Batatas pistache 124
  - CONTENTE 124
  - RASCUNHO 124
  - TRAPACEANDO 125
- OVOS MOLLE 126
  - CONTENTE 126
  - RASCUNHO 126
  - TRAPACEANDO 126
- BATATAS NA RIOJANA 127
  - CONTENTE 127
  - RASCUNHO 127
  - TRAPACEANDO 128
- batata lula 128
  - CONTENTE 128
  - RASCUNHO 128
  - TRAPACEANDO 129

Omelete DE CARREIRA DE ALHO 130
    CONTENTE 130
    RASCUNHO 130
    TRAPACEANDO 130
BATATAS COM COD 132
    CONTENTE 132
    RASCUNHO 132
    TRAPACEANDO 133
purê de batata 134
    CONTENTE 134
    RASCUNHO 134
    TRAPACEANDO 134
TORTILHA DE FEIJÃO MORCILHA 135
    CONTENTE 135
    RASCUNHO 135
    TRAPACEANDO 135
omelete 137
    CONTENTE 137
    RASCUNHO 137
    TRAPACEANDO 137
BATATAS COM SEMENTES 139
    CONTENTE 139
    RASCUNHO 139
    TRAPACEANDO 140
JURGČKI E OMELETA DE CARREIRA 141
    CONTENTE 141

- RASCUNHO 141
- TRAPACEANDO 141
- IMAGEM DE OVO 143
  - CONTENTE 143
  - RASCUNHO 143
  - TRAPACEANDO 143
- Omelete com abóbora e tomate 144
  - CONTENTE 144
  - RASCUNHO 144
  - TRAPACEANDO 144
- REVOLCONA DE BATATA TORREZNOS 146
  - CONTENTE 146
  - RASCUNHO 146
  - TRAPACEANDO 147
- Omelete DE COGUMELO PARMESÃO 148
  - CONTENTE 148
  - RASCUNHO 148
  - TRAPACEANDO 148
- batatas suflê 150
  - CONTENTE 150
  - RASCUNHO 150
  - TRAPACEANDO 150
- OMELETE 151
  - CONTENTE 151
  - RASCUNHO 151
  - TRAPACEANDO 152

BATATA DUQUESA 152
   CONTENTE 152
   RASCUNHO 152
   TRAPACEANDO 153
ARROZ CUBANO 154
   CONTENTE 154
   RASCUNHO 154
   TRAPACEANDO 154
Pão de arroz com mexilhões, amêijoas e camarões 154
   CONTENTE 155
   RASCUNHO 155
   TRAPACEANDO 156
ARROZ DE CANTÃO COM FRANGO 157
   CONTENTE 157
   RASCUNHO 157
   TRAPACEANDO 158
ARROZ ARROZ 159
   CONTENTE 159
   RASCUNHO 159
   TRAPACEANDO 160
ARROZ CATALONIANO 161
   CONTENTE 161
   RASCUNHO 162
   TRAPACEANDO 162
FEIJÃO BRANCO E ARROZ DEFICIENTE 163
   CONTENTE 163

- RASCUNHO 163
- TRAPACEANDO 164

ARROZ DE ATUM FRESCO 165
- CONTENTE 165
- RASCUNHO 165
- TRAPACEANDO 166

ARROZ DE FRANGO, BACON, AMÊNDOA E SECO 167
- CONTENTE 167
- RASCUNHO 167
- TRAPACEANDO 168

ARROZ COM BACALHAU E FEIJÃO BRANCO 169
- CONTENTE 169
- RASCUNHO 169
- TRAPACEANDO 170

ARROZ com lagosta 171
- CONTENTE 171
- RASCUNHO 171
- TRAPACEANDO 172

ARROZ GREGO 173
- CONTENTE 173
- RASCUNHO 173
- TRAPACEANDO 174

ARROZ DE PÃO 175
- CONTENTE 175
- RASCUNHO 175
- TRAPACEANDO 176

ARROZ DO MAR 177
    CONTENTE 177
    RASCUNHO 177
    TRAPACEANDO 178
ARROZ TRÊS SABORES 179
    CONTENTE 179
    RASCUNHO 179
    TRAPACEANDO 180
ARROZ PULVERIZADO 181
    CONTENTE 181
    RASCUNHO 181
    TRAPACEANDO 182
RISOTTA COM SALMÃO E ÁRVORES SELVAGENS 183
    CONTENTE 183
    RASCUNHO 183
    TRAPACEANDO 184
Arroz de tamboril, grão de bico e espinafres 185
    CONTENTE 185
    RASCUNHO 185
    TRAPACEANDO 186
ARROZ OU CALDEIRO 187
    CONTENTE 187
    RASCUNHO 187
    TRAPACEANDO 188
arroz preto com lula 189
    CONTENTE 189

- RASCUNHO ... 189
- TRAPACEANDO ... 190
- ARROZ ARROZ ... 191
  - CONTENTE ... 191
  - RASCUNHO ... 191
  - TRAPACEANDO ... 191
- FIDEUÁ DE PEIXES E MARISCOS ... 192
  - CONTENTE ... 192
  - RASCUNHO ... 192
  - TRAPACEANDO ... 193
- MASSA PUTANESA ... 194
  - CONTENTE ... 194
  - RASCUNHO ... 194
  - TRAPACEANDO ... 195
- CANELAS COM SPINCH ... 196
  - CONTENTE ... 196
  - RASCUNHO ... 196
  - TRAPACEANDO ... 197
- ENTREGA DE ESPAGUETE ... 198
  - CONTENTE ... 198
  - RASCUNHO ... 198
  - TRAPACEANDO ... 199
- LASAGNA DE MASSA FRESCA FLORENTINA ... 200
  - CONTENTE ... 200
  - RASCUNHO ... 201
  - TRAPACEANDO ... 202

ESPAGUETE COM MOLHO CARBONARA 203
    CONTENTE.. 203
    RASCUNHO... 203
    TRAPACEANDO 203

CANELAS DE CARNE COM COGUMELOS E BESAMELLONES 205
    CONTENTE.. 205
    RASCUNHO... 206
    TRAPACEANDO 206

Skarpina e LASAGNA com lula 207
    CONTENTE.. 207
    RASCUNHO... 208
    TRAPACEANDO 208

PAELLA MISTA 210
    CONTENTE.. 210
    RASCUNHO... 211
    TRAPACEANDO 211

Lasanha de legumes com queijo fresco e cominho 212
    CONTENTE.. 212
    RASCUNHO... 212
    TRAPACEANDO 213

MASSA COM MOLHO DE ATUM COM IOGURTE 214
    CONTENTE.. 214
    RASCUNHO... 214
    TRAPACEANDO 214

NHOQUE DE BATATA COM MOLHO DE QUEIJO AZUL DE AMENDOIM 215
    CONTENTE 215
    RASCUNHO 215
    TRAPACEANDO 216

MASSA DE CARBONARA DE SALMÃO 217
    CONTENTE 217
    RASCUNHO 217
    TRAPACEANDO 218

MASSA COM SOLUÇÃO 219
    CONTENTE 219
    RASCUNHO 219
    TRAPACEANDO 219

CORDOVÃO SALMOREJO

CONTENTE

1 quilo de tomate

200 gramas de pão

2 dentes de alho

Vinagre

100ml de azeite

Sal

RASCUNHO

Misture bem tudo, exceto o azeite e o vinagre. Coe em um chinois e adicione lentamente o óleo enquanto mexe. Tempere com sal e vinagre.

TRAPACEANDO

Remova o broto do meio para evitar que o alho reapareça.

SOPA DE CEBOLA

CONTENTE

750 gramas de cebola

100 gramas de manteiga

50 gramas de queijo ralado

1 ½ litro de caldo de galinha

1 fatia de torrada por pessoa

Sal

RASCUNHO

Cozinhe lentamente a cebola fatiada na manteiga. Cubra e cozinhe por cerca de 1 hora.

Quando a cebola amolecer, adicione água e sal.

Despeje a sopa em tigelas separadas com torradas e queijo e gratine.

TRAPACEANDO

O sucesso desta receita está no tempo de cozimento da cebola. Você pode adicionar 1 dente de alho, 1 raminho de tomilho e um pouco de vinho branco ou conhaque.

SOPA ITALIANA COM CARNE E LEGUMES

CONTENTE

150 gramas de tomate

100 g de feijão branco cozido

100 gramas de bacon

100 gramas de repolho

50 gramas de cenoura

50 g de beterraba

50 gramas de feijão verde

25 g de macarrão pequeno

50 gramas de ervilhas

3 dentes de alho

1 alho-poró grande

1dl de azeite

Sal

RASCUNHO

Limpe os legumes e corte-os em pedaços pequenos. Coloque o azeite na panela, corte o bacon em pedaços pequenos e frite por 3 minutos. Adicione os tomates fatiados e frite até que o suco seja absorvido.

Despeje sobre a sopa, leve para ferver e acrescente as verduras picadas. Quando amolecer, acrescente o feijão e o macarrão. Cozinhe até que o macarrão esteja pronto e adicione sal a gosto.

TRAPACEANDO

Em muitas partes da Itália, esta deliciosa sopa é servida com uma colher de molho pesto no jantar.

sopa de lagosta

CONTENTE

1 lagosta ½kg

250 gramas de tomate

200 gramas de alho-poró

150 gramas de manteiga

100 gramas de cenoura

100 gramas de cebola

75 gramas de arroz

1 ½ l de caldo de peixe

¼ l de creme

1 dl de aguardente

1dl de vinho

1 raminho de tomilho

2 folhas de louro

sal e pimenta

RASCUNHO

Corte a lagosta em pedaços e frite até dourar em 50 g de manteiga. Regue com flambado e vinho com conhaque. Cubra e cozinhe por 15 minutos.

Reserve a carne da lagosta. Pique suas carcaças com conhaque, vinho quente e incenso. Entre e reserve com os chineses.

Frite os legumes cortados em pedaços pequenos (de acordo com a dureza) na manteiga restante. No final adicione os tomates. Cubra com a água reservada, acrescente as ervas e o arroz. Asse por 45 minutos. Misture e passe por uma peneira. Adicione o creme de leite e cozinhe por mais 5 minutos.

Sirva o creme com lagosta fatiada.

TRAPACEANDO

Flambé significa queimar uma bebida alcoólica de forma que o álcool seja destruído, mas não os sabores. É importante fazer isso com o ventilador desligado.

UM ARCO COM VEGETAIS

CONTENTE

150 g de presunto serrano picado

150 gramas de feijão verde

150 gramas de couve-flor

150 gramas de ervilhas

150 gramas de feijão seco

2 colheres de sopa de farinha

3 alcachofras

2 ovos cozidos

2 cenouras

1 cebola

1 dente de alho

1 limão

azeite

Sal

RASCUNHO

Limpe as alcachofras e descarte as folhas externas e as pontas. Cozinhe em água fervente com 1 colher de sopa de farinha e suco de limão até ficar macio. Renove e reserve.

Descasque as cenouras e corte-as em pedaços médios. Retire os fios e as pontas do feijão e corte-os em 3 partes. Escolha as florzinhas da couve-flor. Ferva a água e cozinhe cada vegetal separadamente até ficar macio. Renove e reserve.

Divida a sopa de legumes ao meio (exceto o suco de alcachofra).

Pique finamente a cebola e o alho. Cozinhe por 10 minutos com cubos de presunto serrano. Adicione outra colher de farinha e frite por mais 2 minutos. Despeje 150 ml de caldo de legumes. Pegue e cozinhe por 5 minutos. Adicione os vegetais e os ovos cozidos cortados em quartos. Cozinhe por 2 minutos e ajuste o sal.

TRAPACEANDO

Os vegetais devem ser cozinhados separadamente, pois não têm o mesmo tempo de cozedura.

ESCASSEZ DOMÉSTICA

CONTENTE

1¼ kg de acelga suíça

750 gramas de batatas

3 dentes de alho

2dl de azeite

Sal

RASCUNHO

Lave a acelga e corte as folhas em pedaços maiores. Descasque as folhas e corte-as em palitos. Escalde as folhas e caules em água fervente com sal por 5 minutos. Renovar, descarregar e reservar.

Ferva as batatas descascadas e descascadas na mesma água por 20 minutos. Esvazie e salve.

Alho descascado e frito nos filés. Adicione penas, folhas, batatas e frite por 2 minutos. ajuste o sal.

TRAPACEANDO

As pencas podem ser utilizadas para rechear presunto e queijo. Depois é amassado e frito.

BOLO DE SALMÃO COM ABÓBORA

CONTENTE

400 gramas de abobrinha

200 g de salmão fresco (desossado)

750 ml de creme

6 ovos

1 cebola

azeite

sal e pimenta

RASCUNHO

Pique a cebola finamente e frite em um pouco de azeite. Corte a abobrinha em cubinhos e acrescente à cebola. Ferva em fogo moderado por 10 minutos.

Misture e acrescente ½ litro de natas e 4 ovos até obter uma massa lisa.

Despeje em formas previamente untadas com óleo e enfarinhadas e leve ao forno em banho-maria a 170°C por cerca de 10 minutos.

Enquanto isso, frite levemente os cubos de salmão em um pouco de óleo. Tempere a gosto e junte as natas restantes e 2 ovos. Coloque o bolo de abóbora sobre ele. Continue cozinhando por mais 20 minutos ou até firmar.

TRAPACEANDO

Sirva quente com maionese pré-picada e fios de açafrão torrados.

Alcachofras com parmesão e cogumelos

CONTENTE

1 ½ kg de alcachofras

200 gramas de cogumelos

50g de queijo parmesão

1 copo de vinho branco

3 tomates grandes

1 cebolinha

1 limão

azeite

sal e pimenta

RASCUNHO

Descasque as alcachofras, retire o pedúnculo, as folhas exteriores duras e a ponta. Divida em quatro partes e esfregue-as com limão para não oxidarem. Reservas.

Frite aos poucos a cebola picada em pedaços pequenos. Aumente o fogo e acrescente os cogumelos limpos e fatiados. Cozinhe por 3 minutos. Cubra com vinho e acrescente os tomates ralados e as alcachofras. Tampe e cozinhe por 10 minutos, até as alcachofras ficarem macias e o molho engrossar.

Sirva, regue e polvilhe com parmesão.

TRAPACEANDO

Outra forma de evitar a oxidação das alcachofras é mergulhá-las em água fria com bastante salsa fresca.

OVOS DO MAR

CONTENTE

2 berinjelas grandes

3 colheres de sopa de suco de limão

3 colheres de sopa de salsa fresca picada

2 colheres de sopa de alho picado

1 colher de sopa de cominho moído

1 colher de sopa de canela

1 colher de sopa de pimenta vermelha quente em pó

azeite

Sal

RASCUNHO

Corte as berinjelas longitudinalmente. Polvilhe sal por cima e deixe por 30 minutos sobre papel toalha. Enxágue com bastante água e guarde.

Regue as rodelas de berinjela com um pouco de azeite e sal e leve ao forno por 25 minutos a 175 graus.

Combine os ingredientes restantes em uma tigela. Adicione a berinjela à mistura e misture. Cubra e deixe na geladeira por 2 horas.

TRAPACEANDO

A berinjela também pode ser mantida no leite com um pouco de sal por 20 minutos para perder o amargor.

DRIG DE FEIJÃO COM SERRANA CRU

CONTENTE

1 copo de feijão em óleo

2 dentes de alho

4 fatias de presunto serrano

1 cebolinha

2 ovos

sal e pimenta

RASCUNHO

Escorra o óleo do feijão na panela. Frite a cebola picadinha, o presunto cortado em tiras finas e o alho ralado. Aumente o fogo, acrescente o feijão e frite por 3 minutos.

Bata os ovos separadamente e salgue-os. Despeje os ovos sobre as vagens e deixe-os endurecer ligeiramente, mexendo sempre.

TRAPACEANDO

Adicione um pouco de creme ou leite aos ovos mexidos para torná-los mais macios.

TRINXATO

CONTENTE

1kg de repolho

1 quilograma de batatas

100 gramas de bacon

5 dentes de alho

azeite

Sal

RASCUNHO

Limpe, lave e corte o repolho em fatias finas. Descasque as batatas e corte-as em quartos. Cozinhamos tudo por 25 minutos. Retire e amasse ainda quente com um garfo até ficar homogêneo.

Frite numa frigideira o alho picado e o bacon cortado em tiras. Adicione à massa de batata anterior e frite por 3 minutos de cada lado como uma omelete de batata.

TRAPACEANDO

Quando o repolho estiver cozido deve ser bem escorrido, caso contrário as bugigangas não assarão bem.

BROCOLI GRATINADO COM MOLHO BACON E AURORA

CONTENTE

150 g de bacon em tiras

1 brócolis grande

Molho Aurora (ver seção Sopas e Molhos)

azeite

sal e pimenta

RASCUNHO

Frite as tiras de bacon em uma frigideira e reserve.

Corte o brócolis em florzinhas e cozinhe em água e sal por 10 minutos ou até ficar macio. Escorra e coloque em uma assadeira.

Coloque o bacon por cima do brócolis, depois o molho Aurora e gratine na temperatura mais alta.

TRAPACEANDO

Para minimizar o cheiro de brócolis, adicione um pouco de vinagre à água do cozimento.

PORTA COM MOLHO VERDE E DAGANJIA

CONTENTE

500 g de papelão assado

2dl de vinho branco

2 dl de caldo de peixe

2 colheres de sopa de salsa fresca picada

1 colher de sopa de farinha

20 ostras

4 dentes de alho

1 cebola

azeite

Sal

RASCUNHO

Corte a cebola e o alho em pedaços pequenos. Frite lentamente em 2 colheres de sopa de óleo por 15 minutos.

Adicione a farinha e cozinhe por 2 minutos, mexendo sempre. Aumente o fogo, despeje o vinho e deixe diluir completamente.

Umedeça com fumaça e cozinhe em fogo baixo por 10 minutos, mexendo sempre. Adicione salsa e tempere com sal.

Adicione cascas e papelão pré-limpos. Cubra e cozinhe até as amêijoas abrirem, 1 minuto.

TRAPACEANDO

Não cozinhe demais a salsa, caso contrário ela perderá a cor e ficará marrom.

cebola caramelizada

CONTENTE

2 cebolas grandes

2 colheres de sopa de açúcar

1 colher de chá de vinagre de Modena ou xerez

RASCUNHO

Cubra a cebola fatiada e frite lentamente até ficar translúcida.

Descubra e cozinhe até dourar. Adicione o açúcar e cozinhe por mais 15 minutos. Cubra com vinagre e cozinhe por mais 5 minutos.

TRAPACEANDO

Para preparar uma omelete com esta quantidade de cebola caramelizada, utilize 800 g de batata e 6 ovos.

COGUMELOS RECHEADOS SERRANO COM PRESUNTO E MOLHO PESTO

CONTENTE

500 g de cogumelos frescos

150g de presunto serrano

1 cebolinha picada

Molho pesto (ver seção de sopas e molhos)

RASCUNHO

Pique finamente a cebola e o presunto. Asse lentamente por 10 minutos, deixe esfriar.

Limpe os cogumelos e retire os talos. Frite-os de cabeça para baixo na frigideira por 5 minutos.

Recheie os cogumelos com o presunto e o capelim, adicione o pesto e cozinhe durante cerca de 5 minutos a 200°C.

TRAPACEANDO

Não é necessário adicionar sal, pois o presunto e o molho pesto são um pouco salgados.

KARNANE COM AJOARRIER

CONTENTE

1 couve-flor grande

1 colher de sopa de páprica doce

1 colher de sopa de vinagre

2 dentes de alho

8 colheres de sopa de azeite

Sal

RASCUNHO

Divida a couve-flor em cachos e cozinhe em bastante água e sal por 10 minutos ou até ficar cozida.

Rale o alho e frite em azeite. Retire a panela do fogo e acrescente o colorau em pó. Deixe ferver por 5 segundos e acrescente o vinagre. Tempere com sal e molho com Sofrito.

TRAPACEANDO

Adicione 1 copo de leite à água para reduzir o cheiro da couve-flor durante o cozimento.

couve-flor ralada

CONTENTE

100 g de parmesão ralado

1 couve-flor grande

2 gemas

Béchamel (ver secção sopas e molhos)

RASCUNHO

Divida a couve-flor em cachos e cozinhe em bastante água e sal por 10 minutos ou até ficar cozida.

Adicione o bechamel (depois de retirar do lume) enquanto bate as gemas e o queijo.

Coloque a couve-flor numa assadeira e regue com o bechamel. Asse na temperatura mais alta até que a superfície fique dourada.

TRAPACEANDO

Quando se adiciona queijo ralado e gemas de ovo ao bechamel, cria-se um novo molho chamado mornay.

DUXELA

CONTENTE

500 gramas de cogumelos

100 gramas de manteiga

100 g de cebolinha (ou cebolinha)

sal e pimenta

RASCUNHO

Limpe os cogumelos e corte-os nos pedaços mais pequenos possíveis.

Frite as cebolas picadas na manteiga e acrescente os cogumelos. Frite até que o líquido desapareça completamente. Temporada.

TRAPACEANDO

Pode ser um ótimo acompanhamento, recheio ou até mesmo um primeiro prato. Duxelle de cogumelos com ovo escalfado, peito de frango recheado com duxelle, etc.

SALMÃO FUMADO E ENDIVA KARBAL

CONTENTE

200 gramas de creme

150 g de salmão fumado

100 g de queijo Cabrales

50 g de nozes descascadas

6 botões de chicória

sal e pimenta

RASCUNHO

Limpe a endívia, enxágue abundantemente com água fria e deixe de molho em água gelada por 15 minutos.

Numa tigela misture o queijo, o salmão cortado em tiras, as nozes, as natas, o sal e a pimenta e recheie o radicchio com este molho.

TRAPACEANDO

Lave a endívia em água fria e mergulhe-a em água gelada para se livrar do amargor.

SEGOVIAN EM LOMBARJ

CONTENTE

40 g de pinhões

40 gramas de passas

1 colher de sopa de pimenta

3 dentes de alho

1 repolho roxo

1 banana maçã

azeite

Sal

RASCUNHO

Retire o caule central e as folhas externas da couve roxa e corte-a em juliana. Retire o caroço da maçã sem retirar a casca e corte-a em quartos. Asse o repolho roxo, as passas e as maçãs por 90 minutos. Esvazie e salve.

Pique o alho e frite numa frigideira. Adicione os pinhões e frite-os. Adicione páprica em pó e polvilhe o repolho roxo com passas e maçãs. Frite por 5 minutos.

TRAPACEANDO

Para que a couve roxa não perca a cor, cozinhe-a em água fervente e acrescente um pouco de vinagre.

SALADA DE PIMENTA ASSADA

CONTENTE

3 tomates

2 berinjelas

2 cebolas

1 pimenta vermelha

1 dente de alho

vinagre (opcional)

azeite extra virgem

Sal

RASCUNHO

Aqueça o forno a 170°C.

Lave a berinjela, o pimentão e o tomate, descasque a cebola. Coloque todos os vegetais em uma assadeira e regue generosamente com azeite. Asse por 1 hora, virando ocasionalmente para dourar. Descubra como isso é feito.

Espere os pimentões esfriarem, retire a casca e as sementes. Julienne sem sementes com pimenta, cebola e berinjela. Com uma leve pressão, retire os dentes de alho da cabeça frita.

Misture todos os legumes numa tigela, tempere com uma pitada de sal e óleo para fritar. Você também pode adicionar algumas gotas de vinagre.

TRAPACEANDO

É útil fazer alguns cortes na casca da berinjela e do tomate para que não rebentem durante a fritura e seja mais fácil descascá-los.

ervilhas

CONTENTE

850 g de ervilhas limpas

250 gramas de cebola

90g de presunto serrano

90 gramas de manteiga

1 litro de caldo

1 colher de sopa de farinha

1 salada limpa

Sal

RASCUNHO

Frite a cebola picadinha e o presunto picado na manteiga. Adicione a farinha e frite por 3 minutos.

Despeje a sopa e cozinhe por mais 15 minutos, mexendo de vez em quando. Adicione as ervilhas e cozinhe por 10 minutos em fogo moderado.

Adicione folhas finas de alface e cozinhe por mais 5 minutos. Adicione uma pitada de sal.

TRAPACEANDO

Cozinhe descoberto para que as ervilhas não fiquem cinzentas. Adicionar uma pitada de açúcar durante o cozimento realça o sabor das ervilhas.

GIRO DE CREME

CONTENTE

3/4 libra de espinafre fresco

45 gramas de manteiga

45 gramas de farinha

½ litro de leite

3 dentes de alho

noz-moscada

azeite

sal e pimenta

RASCUNHO

Faça bechamel com manteiga derretida e farinha. Cozinhe lentamente por 5 minutos e adicione o leite mexendo sempre. Asse por 15 minutos e tempere com sal, pimenta e noz-moscada.

Ferva o espinafre em bastante água e sal. Escorra, deixe esfriar e torça bem para secar completamente.

Rale o alho e frite em óleo por 1 minuto. Adicione o espinafre e frite por 5 minutos em fogo moderado.

Misture o espinafre com o bechamel e cozinhe por mais 5 minutos, mexendo sempre.

TRAPACEANDO

Em seguida, adicione algumas fatias triangulares de pão torradas.

BUTIFARRA BEBÊ FEIJÃO BRANCO

CONTENTE

1 copo de feijão em óleo

2 dentes de alho

1 salsicha branca

1 cebolinha

azeite

Sal

RASCUNHO

Escorra o óleo do feijão na panela. Frite finamente a cebola e o alho e acrescente os cubos de linguiça.

Frite por 3 minutos até dourar levemente. Aumente o fogo, acrescente o feijão verde e frite por mais 3 minutos. Adicione uma pitada de sal.

TRAPACEANDO

Também pode ser preparado com feijão mole. Cozinhe em água fria por 15 minutos ou até ficar macio. Refresque e desenforme com água e gelo. Depois faça a receita da mesma forma.

FEIJÃO CRU

CONTENTE

600 gramas de feijão verde

150g de presunto serrano

1 colher de chá de pimenta vermelha

5 tomates

3 dentes de alho

1 cebola

azeite

Sal

RASCUNHO

Retire as pontas e pontas dos feijões e corte-os em pedaços maiores. Cozinhe em água fervente por 12 minutos. Coe, deixe esfriar e guarde.

Corte a cebola e o alho em pedaços pequenos. Cozinhe por 10 minutos e acrescente o presunto serrano. Frite por mais 5 minutos. Adicione a pimenta caiena e o tomate ralado e frite até escorrer a água.

Adicione o feijão verde ao molho e cozinhe por mais 3 minutos. Adicione uma pitada de sal.

TRAPACEANDO

O chouriço pode ser substituído por presunto serrano.

ENSOPADO DE CORDEIRO

CONTENTE

450 gramas de cordeiro

200 gramas de feijão verde

150 g de favas descascadas

150 gramas de ervilhas

2 litros de caldo

2dl de vinho tinto

4 corações de alcachofra

3 dentes de alho

2 tomates grandes

2 batatas grandes

1 pimentão verde

1 pimenta vermelha

1 cebola

azeite

sal e pimenta

RASCUNHO

Pique o cordeiro, tempere e leve ao forno alto. Retire e reserve.

No mesmo óleo, cozinhe lentamente o alho e a cebola picados por 10 minutos. Adicione o tomate ralado e cozinhe até a água evaporar completamente. Cubra e reduza com vinho. Despeje o caldo, acrescente o cordeiro e cozinhe por 50 minutos ou até a carne ficar macia. Temporada.

Em uma panela separada, refogue pimentões em cubos, ervilhas, alcachofras em quartos, 8 feijões verdes e favas. Despeje sobre o caldo de cordeiro e cozinhe lentamente por 5 minutos. Adicione as batatas descascadas e cortadas em cubos. Cozinhe até ficar macio. Adicione um pouco de carne de cordeiro e água.

TRAPACEANDO

Cozinhe as ervilhas descobertas para que não fiquem pretas.

QUEIJO DE CABRA, MEL E CURN ELEIÇÃO MILF

CONTENTE

200 gramas de queijo de cabra

1 berinjela

Um tesouro

Curry

Fama

azeite

Sal

RASCUNHO

Corte as berinjelas em rodelas finas, coloque-as sobre papel de cozinha e salgue dos dois lados. Deixe descansar por 20 minutos. Retire o excesso de sal, farinha e frite.

Corte o queijo em fatias finas. Combine camadas de berinjela e queijo. Asse a 160°C por 5 minutos.

Sirva e cubra cada fatia de berinjela com 1 colher de chá de mel e uma pitada de curry em pó.

TRAPACEANDO

Corte a berinjela e salgue para tirar todo o amargor.

PISTACHE COM SUMO BRANCO E SALMÃO FUMADO

CONTENTE

400 g de aspargos enlatados

200 g de salmão fumado

½ litro de creme

4 ovos

Fama

azeite

sal e pimenta

RASCUNHO

Misture todos os ingredientes até obter uma massa fina. Escorra para evitar fios de aspargos.

Despeje em formas previamente untadas com óleo e enfarinhadas. Asse a 170°C por 20 minutos. Pode ser tomado quente ou frio.

TRAPACEANDO

Um excelente acompanhamento é a maionese feita com folhas frescas de manjericão picadas.

PIMENTA PIQUILLO COM MORCILHA RECHEADA COM MOLHO DE MOSTARDA DOCE

CONTENTE

125 ml de creme

8 colheres de sopa de mostarda

2 colheres de sopa de açúcar

12 pimentões piquillo

2 salsichas de sangue

engrenagem

farinha e ovos (para pão)

azeite

RASCUNHO

Esmague a morcela e frite numa frigideira quente com um punhado de amendoim. Deixe esfriar e recheie os pimentões. Misture com a farinha e o ovo e frite em bastante óleo.

Ferva as natas com a mostarda e o açúcar até engrossar. Sirva os pimentões com molho picante.

TRAPACEANDO

É preciso fritar a pimenta aos poucos em óleo bem quente.

Cardo com molho de amêndoa

CONTENTE

900 g de papelão assado

75 g de amêndoas granuladas

50 gramas de farinha

50 gramas de manteiga

1 litro de caldo de galinha

1dl de vinho branco

1dl de creme

1 colher de sopa de salsa fresca picada

2 dentes de alho

2 gemas

1 cebola

azeite

sal e pimenta

RASCUNHO

Frite as amêndoas e a farinha lentamente na manteiga por 3 minutos. Continuando a misturar, coloque o caldo de galinha e cozinhe por mais 20 minutos. Adicione as natas e junte as gemas do lume enquanto mexe. Temporada.

Frite à parte a cebola e o alho cortado em cubinhos no azeite. Adicione o cardo, aumente o fogo e cubra com vinho. Deixe diminuir completamente.

Adicione a sopa às vespas e sirva com salsa.

TRAPACEANDO

Depois de adicionar as gemas, não aqueça demais o molho, para que não endureça e fique grumoso.

PISTA

CONTENTE

4 tomates maduros

2 pimentões verdes

2 frascos

2 cebolas

1 pimenta vermelha

2-3 dentes de alho

1 colher de chá de açúcar

azeite

Sal

RASCUNHO

Ferva os tomates, retire a casca e corte-os em cubos. Descasque e corte também a cebola e a abobrinha. Retire as sementes dos pimentões e corte a carne em cubos.

Frite o alho e a cebola em um pouco de azeite por 2 minutos. Adicione a páprica e frite por mais 5 minutos. Adicione a abobrinha e cozinhe por mais alguns minutos. No final, acrescente os tomates e cozinhe até que a água seja absorvida. Rale o açúcar e o sal e deixe ferver.

TRAPACEANDO

Você pode usar purê de tomate em lata ou um bom molho de tomate.

VINAGRE VEGETAL ALHO-PORRO

CONTENTE

8 Tenente

2 dentes de alho

1 pimentão verde

1 pimenta vermelha

1 cebolinha

1 pepino

12 colheres de sopa de óleo

4 colheres de sopa de vinagre

sal e pimenta

RASCUNHO

Pique finamente a pimenta, a cebolinha, o alho e o pepino. Misture com azeite, vinagre, sal e pimenta. misturar.

Limpe o alho-poró e cozinhe-o em água fervente por 15 minutos. Pegue, seque e corte cada um em 3 partes. Prato e molho vinagrete.

TRAPACEANDO

Faça um molho para salada com tomate, alcaparras jovens, alcaparras e azeitonas pretas. Alho-poró gratinado com mussarela e molho. Delicioso.

Quiche de alho-poró, bacon e queijo

CONTENTE

200 g de queijo Manchego

1 litro de creme

8 ovos

6 poros limpos maiores

1 pacote de bacon defumado

1 pacote de massa folhada congelada

Fama

azeite

sal e pimenta

RASCUNHO

Unte e enfarinhe o modelo e cubra com massa folhada. Coloque papel alumínio e legumes sobre ele para que não cresçam e leve ao forno por 15 minutos a 185°C.

Enquanto isso, cozinhe lentamente o alho-poró picado. Também adicionamos bacon picado.

Misture os ovos mexidos com as natas, o alho-poró, o bacon e o queijo ralado. Tempere a gosto com sal e pimenta, despeje esta mistura sobre a massa folhada e leve ao forno a 350°F por 45 minutos ou até ficar firme.

TRAPACEANDO

Use uma agulha para furar o centro da pessoa e verificar se ela está inteira. Se sair seco é sinal de que o bolo está pronto.

TOMATE À PROVENÇAL

CONTENTE

100 gramas de pão ralado

4 tomates

2 dentes de alho

salsinha

azeite

sal e pimenta

RASCUNHO

Descasque o alho e corte-o em pedaços pequenos e misture com o pão ralado. Corte os tomates ao meio e retire as sementes.

Numa frigideira aqueça o azeite e acrescente os tomates fatiados. Quando a pele começar a se levantar das bordas, vire-a. Cozinhe por mais 3 minutos e transfira para a caçarola.

Frite a mistura de pão e o alho na mesma frigideira. Depois de assado, polvilhe os tomates por cima. Aqueça o forno a 180°C e leve ao forno por 10 minutos, certificando-se de que esteja seco.

TRAPACEANDO

Geralmente é consumido como acompanhamento, mas também como prato principal acompanhado de mussarela levemente cozida.

CEBOLAS RECHEADAS

CONTENTE

125 gramas de carne moída

125g de bacon

2 colheres de sopa de molho de tomate

2 colheres de sopa de pão ralado

4 cebolas grandes

1 ovo

azeite

sal e pimenta

RASCUNHO

Frite o bacon picado e a carne moída com sal e pimenta até que a cor rosa desapareça. Adicione os tomates e cozinhe por mais 1 minuto.

Misture a carne com o ovo e o pão ralado.

Retire a primeira camada de cebola e a sua base. Cubra com água e cozinhe por 15 minutos. Seque, retire o centro e recheie com a carne. Asse a 175ºC por 15 minutos.

TRAPACEANDO

Você pode preparar o molho matinal substituindo a água do cozimento da cebola por metade do leite. Molho e gratinado.

COGUMELO CREME DE NOZES

CONTENTE

1 kg de cogumelos mistos

250 ml de creme

125 ml de conhaque

2 dentes de alho

noz

azeite

sal e pimenta

RASCUNHO

Frite o filé de alho em uma frigideira. Aumente o fogo e acrescente os cogumelos limpos e fatiados. Frite por 3 minutos.

Umedeça com conhaque e deixe reduzir. Despeje o creme de leite e cozinhe lentamente por mais 5 minutos. Esmague um punhado de nozes em um pilão e regue com elas.

TRAPACEANDO

Uma boa opção são os cogumelos cultivados ou mesmo secos.

bolo de tomate e manjericão

CONTENTE

½ litro de creme

8 colheres de sopa de molho de tomate (ver seção de sopas e molhos)

4 ovos

8 folhas frescas de manjericão

Fama

azeite

sal e pimenta

RASCUNHO

Misture todos os ingredientes até obter uma pasta homogênea.

Aqueça o forno a 170°C. Despeje em uma forma de muffin previamente enfarinhada e untada e leve ao forno por 20 minutos.

TRAPACEANDO

Uma ótima opção é aproveitar sobras de molho de tomate de outra receita.

Caçarola De Batata Com Frango Com Curry

CONTENTE

1 quilograma de batatas

½ litro de caldo de galinha

2 peitos de frango

1 colher de sopa de curry

2 dentes de alho

2 tomates

1 cebola

1 folha de louro

azeite

sal e pimenta

RASCUNHO

Corte o peito em cubos médios. Tempere e frite em óleo bem quente. Retire e reserve.

Frite a cebola fatiada e o alho no mesmo óleo em fogo baixo por 10 minutos. Adicione o curry e frite por mais um minuto. Adicione o tomate ralado, aumente o fogo e cozinhe até o tomate perder o suco.

Descasque e descasque as batatas. Adicione ao molho e cozinhe por 3 minutos, enxágue no caldo e na folha de louro.

SIGNIFICADO DA BATATA

CONTENTE

1 quilograma de batatas

¾ l de caldo de peixe

1 copo pequeno de vinho branco

1 colher de sopa de farinha

2 dentes de alho

1 cebola

farinha e ovos (para pincelar)

salsinha

azeite

RASCUNHO

Descasque as batatas e corte-as em rodelas não muito grossas. Despeje sobre a farinha e o ovo. Frite e reserve.

Ferva a cebola e pique finamente o alho. Adicione uma colher de farinha e pão torrado e cubra com vinho. Deixe reduzir até ficar quase seco e infundido com fumaça. Cozinhe em fogo baixo por 15 minutos. Adicione sal e salsa.

Adicione as batatas ao molho e cozinhe até ficarem macias.

TRAPACEANDO

Você pode adicionar alguns pedaços de tamboril ou pescada e camarão.

OVOS MOLLE DE PEDRA

CONTENTE

8 ovos

150 g de cogumelos porcini secos

50 gramas de manteiga

50 gramas de farinha

1 dl de vinho doce

2 dentes de alho

noz-moscada

Vinagre

óleo líquido

sal e pimenta

RASCUNHO

Mergulhe a jurčka em 1 litro de água fervente por cerca de 1 hora. Enquanto isso, ferva os ovos em água fervente com sal e vinagre por 5 minutos. Retire e recupere imediatamente em água gelada. Descasque com cuidado.

Escorra os cogumelos e guarde a água. Corte o alho e frite levemente em óleo. Adicione os cogumelos porcini e cozinhe em fogo alto por 2 minutos. Tempere a gosto com sal e pimenta e enxágue até o vinho doce reduzir e o molho secar.

Derreta a manteiga e a farinha em uma panela. Cozinhe em fogo baixo por 5 minutos sem parar de mexer. Retire a água da hidratação dos cogumelos porcini. Cozinhe por 15 minutos em fogo baixo, mexendo sempre. Prove e adicione o coco.

Coloque no fundo os cogumelos porcini, depois os ovos e decore com o molho.

TRAPACEANDO

Os ovos Mollet ficam com claras coaguladas e gemas escorrendo.

BATATA BAIXA E BRANCA

CONTENTE

1 quilograma de batatas

600 g de hadoque sem ossos e pele

4 colheres de sopa de molho de tomate

1 cebola grande

2 dentes de alho

1 folha de louro

conhaque

azeite

sal e pimenta

RASCUNHO

Descasque e corte as batatas em quartos e deixe ferver em água com sal durante 30 minutos. Coe e passe por uma fábrica de alimentos. Espalhe o purê em papel alumínio e reserve.

Pique finamente a cebola e o alho. Frite em fogo moderado por 5 minutos e adicione uma folha de louro e o hadoque picado e temperado. Cozinhe por mais 5 minutos sem mexer, umedeça com conhaque e deixe engrossar. Adicione o molho de tomate e cozinhe por mais um minuto. deixe esfriar.

Regue a base de batata com vinho branco, envolva num rocambole e leve ao frigorífico até servir.

TRAPACEANDO

Pode ser preparado com qualquer peixe fresco ou congelado. Sirva com molho de rosas ou aioli.

OMELETE USADO COCIDO (ROUPAS VELHAS)

CONTENTE

Fuso de 125 g

100 g de frango ou frango

60 gramas de repolho

60 gramas de bacon

1 colher de chá de pimenta vermelha

3 dentes de alho

1 chouriço de sangue

1 salsicha

1 cebola

2 colheres de sopa de azeite

Sal

RASCUNHO

Corte a cebola e o alho em pedaços pequenos. Ferva em fogo baixo por 10 minutos. Pique finamente a carne cozida e o repolho e acrescente à cebola. Cozinhe em fogo médio-alto até que a carne esteja dourada e dourada.

Bata os ovos e acrescente à carne. ajuste o sal.

Aqueça muito bem a frigideira, acrescente o azeite e deixe a tortilha enrolar dos dois lados.

TRAPACEANDO

Um bom molho de tomate com cominho vai bem.

Batatas recheadas com salmão defumado, bacon e berinjela

CONTENTE

4 batatas médias

250 gramas de bacon

150g de queijo parmesão

200 g de salmão fumado

½ litro de creme

1 berinjela

azeite

sal e pimenta

RASCUNHO

Lave bem as batatas e cozinhe-as com casca em fogo moderado por 25 minutos ou até amolecerem. Escorra, divida ao meio e escorra, deixando uma leve camada. Separe e escorra todas as batatas.

Frite o bacon cortado em tiras finas em uma frigideira aquecida. Retire e reserve. Cozinhe a berinjela em cubos no mesmo óleo por 15 minutos ou até ficar macia.

Numa panela coloque as batatas escorridas, a berinjela assada, o bacon, as rodelas de salmão, o queijo parmesão e o creme de leite. Cozinhe em fogo médio por 5 minutos e tempere com sal e pimenta.

Recheie as batatas com a mistura anterior e leve ao forno a 180ºC até dourar.

TRAPACEANDO

Você pode fazer algumas berinjelas com o mesmo recheio.

GANCHOS DE BATATA E QUEIJO

CONTENTE

500 gramas de batatas

150g de parmesão ralado

50 gramas de manteiga

farinha, ovo e pão ralado (para pão)

2 gemas

noz-moscada

sal e pimenta

RASCUNHO

Descasque as batatas, corte-as em quartos e ferva-as durante 30 minutos em lume médio com água e sal. Coe e passe por uma fábrica de alimentos. Adicione a manteiga, a gema de ovo, o sal, a pimenta, a noz-moscada e o parmesão à mistura aquecida. deixe esfriar.

Faça bolinhas como croquetes e passe-as na farinha, nos ovos batidos e no pão ralado. Frite em óleo até dourar.

TRAPACEANDO

Coloque 1 colher de chá de molho de tomate e um pedaço de linguiça recém cozida no meio do croquete antes de cobri-lo. Eles são deliciosos.

BOAS FLORES

CONTENTE

1 kg de batatas tardias ou semitardias (variedade Kisli ou Monalisa)

1 litro de azeite

Sal

RASCUNHO

Descasque as batatas e corte-as em palitos normais. Lave com bastante água fria até ficar completamente transparente. seca bem

Aqueça o óleo em uma frigideira em fogo médio-alto, cerca de 150°C. Quando começar a espumar um pouco, mas constantemente, acrescente as batatas e cozinhe até ficarem bem macias, tomando cuidado para não quebrá-las.

Aumente o fogo com óleo bem quente e acrescente as batatas aos poucos, mexendo com uma escumadeira. Frite até dourar e ficar crocante. Escorra o excesso de óleo e sal.

TRAPACEANDO

Ambas as temperaturas do óleo são importantes. Portanto, ficam muito macios por dentro e crocantes por fora. Adicione sal no final.

OVOS FLORENTINOS

CONTENTE

8 ovos

800 g de espinafre

150 g de presunto cru

1 dente de alho

Béchamel (ver secção sopas e molhos)

Sal

RASCUNHO

Cozinhe o espinafre em água fervente com sal por 5 minutos. Refresque e torça-os para remover toda a água. Pique finamente e guarde.

Pique o alho e frite em fogo médio por 1 minuto. Adicione o presunto picado e cozinhe por mais 1 minuto. Aumente o fogo, acrescente o espinafre e cozinhe por mais 5 minutos, depois divida o espinafre em 4 tigelas de barro.

Despeje 2 ovos batidos sobre o espinafre. Cubra com bechamel e leve ao forno durante 8 minutos a 170ºC.

TRAPACEANDO

As preparações com espinafre são chamadas de florentinas.

SEGURO DE PEIXES E BATATAS DE CARREIRA DO LAGO

CONTENTE

4 batatas

300 g de tamboril desossado

250g de camarões descascados

½ l de caldo de peixe

1 copo de vinho branco

1 colher de sopa de chouriço

1 colher de chá de pimenta vermelha

8 fios de açafrão

3 fatias de torrada

2 dentes de alho

1 cebola

azeite

sal e pimenta

RASCUNHO

Frite a cebola e o alho picado por 10 minutos em fogo baixo. Adicione fatias de pão e toste-as. Adicione o açafrão, a páprica e o chouriço. Frite por 2 minutos.

Rale as batatas e adicione ao molho. Frite por 3 minutos. Despeje o vinho e deixe diluir completamente.

Mergulhe no caldo e cozinhe em fogo baixo até que as batatas estejam quase prontas. Adicione o tamboril fatiado e os camarões descascados. Tempere e cozinhe por mais 2 minutos. Deixe no fogo por 5 minutos.

TRAPACEANDO

Batatas cacheadas significam cortá-las em pedaços iguais sem cortá-las inteiras. Isso tornará a água mais espessa.

OVOS ESTILO FLAMENCO

CONTENTE

8 ovos

200 gramas de molho de tomate

1 lata pequena de pimentão piquillo

4 colheres de sopa de ervilhas cozidas

4 fatias de presunto serrano

4 fatias grossas de chouriço

4 latas de aspargos

RASCUNHO

Divida o molho de tomate em 4 potes de barro. Adicione 2 ovos mexidos e divida as ervilhas, o chouriço e o presunto fatiado em pilhas separadas, bem como a pimenta e os espargos cortados em folhas.

Leve ao forno a 190°C até os ovos ficarem ligeiramente firmes.

TRAPACEANDO

Pode ser preparado com botifara ou até linguiça fresca.

TORTILHA PAISANA

CONTENTE

6 ovos

3 batatas grandes

25 gramas de ervilhas cozidas

25 gramas de salsicha

25g de presunto serrano

1 pimentão verde

1 pimenta vermelha

1 cebola

azeite

sal e pimenta

RASCUNHO

Corte a cebola e o pimentão em pedaços pequenos. Corte as batatas descascadas em rodelas bem finas. Frite as batatas com cebola e pimentão em fogo moderado.

Frite o chouriço e o presunto em cubinhos. Escorra as batatas com cebola e pimentão. Junte o chouriço e o presunto. Adicione ervilhas.

Bata os ovos, tempere com sal e pimenta e misture com as batatas e os restantes ingredientes. Aqueça bem a panela média, acrescente a mistura anterior e deixe endurecer dos dois lados.

TRAPACEANDO

Por ser feito com calor residual, deve coagular um pouco. Será mais suculento assim.

Ovos assados com linguiça e mostarda

CONTENTE

8 ovos

2 linguiças alemãs defumadas

5 colheres de sopa de mostarda

4 colheres de sopa de creme

2 pepinos

sal e pimenta

RASCUNHO

Misture os pepinos picados com a mostarda e as natas.

Corte as salsichas em fatias finas no fundo de 4 panelas de barro. Cubra com molho de mostarda e coloque 2 ovos batidos em cada um. Temporada.

Asse a 180°C até a clara do ovo endurecer.

TRAPACEANDO

Adicione 2 colheres de sopa de queijo parmesão ralado e alguns raminhos de tomilho fresco à mistura de mostarda e creme.

OMELETE DE BATATA COM MOLHO

CONTENTE

7 ovos grandes

800 g para batatas fritas

1dl de vinho branco

¼ litro de caldo de galinha

1 colher de sopa de salsa fresca

1 colher de chá de pimenta vermelha

1 colher de chá de farinha

3 dentes de alho

azeite natural

Sal

RASCUNHO

Pique o alho finamente e cozinhe em fogo médio por 3 minutos sem dourar. Adicione a farinha e frite por 2 minutos. Adicione a páprica e frite por 5 segundos. Despeje o vinho e deixe reduzir completamente. Despeje o caldo e cozinhe em fogo baixo por 10 minutos, mexendo de vez em quando. Tempere com sal e polvilhe com salsa.

Descascar as batatas. Corte longitudinalmente em quartos e depois corte em fatias finas. Frite até ficar macio e levemente dourado.

Bata os ovos e adicione sal. Escorra bem as batatas e junte-as aos ovos mexidos. ajuste o sal.

Aqueça uma frigideira, acrescente 3 colheres de sopa do óleo que usou para fritar as batatas e acrescente a mistura de ovo e batata. Mexa por 15 segundos em fogo alto. Vire com um prato. Reaqueça a frigideira e adicione mais 2 colheres de sopa de óleo das batatas fritas. Adicione a tortilha e frite em fogo alto por 15 segundos. Tempere com sal e cozinhe em fogo baixo por 5 minutos.

TRAPACEANDO

Você pode usar sobras de água de ensopados ou pratos de arroz para essas receitas.

PURUSALDA

CONTENTE

1 quilograma de batatas

200 g de bacalhau sem sal

100 ml de vinho branco

3 alhos-porós médios

1 cebola grande

RASCUNHO

Coza o bacalhau em 1 litro de água fria durante 5 minutos. Retire o bacalhau, corte-o e retire as espinhas. Guarde a água para cozinhar.

Pique a cebola em juliana e cozinhe em uma panela em fogo baixo por cerca de 20 minutos. Corte o alho-poró em rodelas ligeiramente grossas e junte à cebola. Ferva por mais 10 minutos.

Adicione as batatas ao guisado quando as fendas (rasgar, não cortar) e o alho-poró estiverem cozidos. Deixe as batatas de molho um pouco, aumente o fogo e mergulhe-as no vinho branco. reduzir.

Deite a água do bacalhau fervido sobre o guisado, adicione sal (deve ficar ligeiramente mole) e cozinhe até as batatas ficarem macias. Adicione o bacalhau e cozinhe por mais 1 minuto. Tempere com sal e deixe tapado durante 5 minutos.

TRAPACEANDO

Transforme este guisado em creme. Só é necessário picar e coar. Delicioso.

BATATAS ASSADAS

CONTENTE

500 gramas de batatas

1 copo de vinho branco

1 cebola pequena

1 pimentão verde

azeite

Sal

RASCUNHO

Descasque as batatas e corte-as em rodelas finas. Corte a cebola e o pimentão em juliana. Coloque em uma assadeira. Polvilhe bem com sal e azeite. Molhe bem e cubra com papel alumínio.

Asse por 1 hora a 160 graus. Retire, retire o papel e banhe-se com uma taça de vinho.

Asse descoberto a 200ºC por mais 15 minutos.

TRAPACEANDO

Você pode substituir o vinho por ½ xícara de água, ½ xícara de vinagre e 2 colheres de açúcar.

Cogumelos fritos

CONTENTE

8 ovos

500 g de cogumelos limpos e fatiados

100 g de presunto serrano picado

8 fatias de torrada

2 dentes de alho

azeite

RASCUNHO

Corte o alho e frite levemente com o presunto picado para não mudar de cor. Aumente o fogo, acrescente os cogumelos limpos e fatiados e frite por 2 minutos.

Adicione os ovos batidos, mexendo sempre até ficarem ligeiramente firmes e fofos.

TRAPACEANDO

Não é necessário adicionar sal porque o Serrano cuida do presunto.

OVOS EM UM PRATO COM HAMIS E AZEITONAS

CONTENTE

8 ovos

500 gramas de tomate

40 g de azeitonas pretas sem caroço

12 anchovas

10 alcaparras

3 dentes de alho

1 cebolinha

orégano

açúcar

azeite

Sal

RASCUNHO

Pique finamente o alho e a cebola. Ferva em fogo baixo por 10 minutos.

Descasque os tomates, retire as sementes e corte-os em cubinhos. Adicione ao molho de alho e cebola. Aumente o fogo e cozinhe até que os tomates percam completamente o suco. Ajuste o sal e o açúcar.

Divida os tomates em potes de barro. Adicione 2 ovos batidos e cubra-os com os restantes ingredientes. Asse a 180°C até a clara do ovo endurecer.

TRAPACEANDO

O objetivo da adição de açúcar em receitas que utilizam tomate é equilibrar a acidez que ele oferece.

BATATAS COM CREME DE PARMESÃO

CONTENTE

1 quilograma de batatas

250 gramas de bacon

150g de queijo parmesão

300ml de creme

3 cebolas

noz-moscada

azeite

sal e pimenta

RASCUNHO

Misture o creme de leite com o queijo, o sal, a pimenta e a noz-moscada em uma tigela.

Descasque as batatas e as cebolas e corte-as em rodelas finas. Cozinhe em uma panela até ficar macio. Drenagem e temporada.

Frite à parte o bacon cortado em tiras e coloque na frigideira com as batatas.

Coloque as batatas numa tigela, cubra com a mistura de natas e leve ao forno a 175 °C até gratinar.

TRAPACEANDO

Você pode fazer esta receita sem cozinhar as batatas. Basta cozinhá-los a 150ºC durante 1 hora.

OVO COZIDO

CONTENTE

8 ovos

Sal

RASCUNHO

Cozinhe os ovos por 11 minutos, começando com água fervente.

Refresque e desenforme com água e gelo.

TRAPACEANDO

Para facilitar o descascamento, adicione bastante sal à água fervente e descasque a pele assim que esfriar.

BATATA DE CHÃO

CONTENTE
1 quilograma de batatas pequenas

500 gramas de sal grosso

RASCUNHO
Ferva as batatas em água e sal até ficarem macias. O dedo extra deve estar completamente coberto com água. Escorra as batatas.

Coloque as batatas de volta na mesma panela (sem lavá-las) e deixe secar em fogo baixo, mexendo delicadamente. Uma pequena camada de sal é feita em cada batata e a casca fica enrugada.

TRAPACEANDO
São um excelente acompanhamento para peixes salgados. Experimente o pesto.

OVO LEVE COM COGUMELOS, PORTADOR E PÁSSARO SELVAGEM

CONTENTE

8 ovos

300 g de cogumelos frescos

100 gramas de camarão

250 ml de caldo

2 colheres de sopa de Pedro Ximénez

1 colher de chá de farinha

1 maço de aspargos selvagens

azeite

1dl de vinagre

sal e pimenta

RASCUNHO

Ferva os ovos com bastante água fervente com sal e um fio de vinagre. Desligue o fogo, tampe a panela e espere 3 ou 4 minutos. A clara deve estar cozida e a gema líquida. Retire, escorra e tempere.

Limpe os aspargos e corte-os ao meio no sentido do comprimento. Frite em uma frigideira em fogo alto, acrescente sal e reserve. Frite os camarões descascados e temperados no mesmo óleo em fogo bem alto por 30 segundos. Escolher.

Frite os cogumelos fatiados na mesma frigideira em fogo alto por 1 minuto, acrescente a farinha e frite por mais um minuto. Hidrate com Pedro Ximénez até reduzir e secar. Cubra com salmoura e deixe ferver.

Disponha os espargos, os camarões e os cogumelos e coloque os ovos por cima. Molho com molho Pedro Ximénez.

TRAPACEANDO

Cozinhe a sopa com 1 raminho de alecrim até atingir metade do volume.

Batatas fritas com chouriço e pimentão verde

CONTENTE

6 ovos

120 g de chouriço picado

4 batatas

2 pimentões verdes italianos

2 dentes de alho

1 cebolinha

azeite

sal e pimenta

RASCUNHO

Descasque, lave e corte as batatas em cubos médios. Lave bem até que a água saia limpa. Cebola e pimentão juliana.

Frite as batatas em bastante óleo bem quente e acrescente os pimentões e as cebolinhas para que os legumes dourem e fiquem macios.

Escorra as batatas, as cebolinhas e os pimentões. Deixe um pouco de óleo na frigideira para fritar o chouriço picado. Dobre novamente as batatas com a cebolinha e o colorau. Adicione os ovos batidos e misture até ficar ligeiramente firme. Tempere com sal e pimenta.

TRAPACEANDO

Você pode substituí-lo por morcela de chouriço, chistorro ou até botifarra.

BATATAS DIFERENTES

CONTENTE

1 quilograma de batatas

3 dentes de alho

1 pimentão verde pequeno

1 pimentão vermelho pequeno

1 cebola pequena

salsinha

azeite

4 colheres de sopa de vinagre

Sal

RASCUNHO

Alho amassado com salsa, vinagre e 4 colheres de água.

Descasque as batatas e corte-as como uma omelete. Frite em bastante óleo bem quente e acrescente a cebola picadinha e a pimenta. Continue fritando até dourar.

Retire as batatas, as cebolas e os pimentões e descarte a água. Adicione o alho esmagado e o vinagre. Pegue e salgue.

TRAPACEANDO

É um excelente acompanhamento para todos os tipos de carne, especialmente para pratos gordurosos como borrego e porco.

OVO COZIDO DO Grão-Duque

CONTENTE

8 ovos

125g de queijo parmesão

30 gramas de manteiga

30 gramas de farinha

½ litro de leite

4 fatias de torrada

noz-moscada

Vinagre

sal e pimenta

RASCUNHO

Prepare o bechamel fritando a farinha na manteiga por 5 minutos em fogo baixo, despeje o leite, mexa continuamente e cozinhe por mais 5 minutos. Tempere com sal, pimenta e noz-moscada.

Ferva os ovos com bastante água fervente com sal e um fio de vinagre. Desligue o fogo, tampe a panela e espere 3 ou 4 minutos. Retire e esvazie.

Coloque o ovo cozido sobre a torrada e regue com o bechamel. Polvilhe com queijo parmesão ralado e leve ao forno.

TRAPACEANDO

Quando a água ferver, mexa com um pauzinho e acrescente imediatamente o ovo. Atinge uma forma redonda e perfeita.

COSTELA DE BATATA

CONTENTE

3 batatas grandes

1 kg de costela bovina marinada

4 colheres de sopa de molho de tomate

2 dentes de alho

1 folha de louro

1 pimentão verde

1 pimenta vermelha

1 cebola

azeite

Sal

RASCUNHO

Corte as costelas e frite-as em uma frigideira bem quente. Retire e reserve.

Frite um pimentão médio, o alho e a cebola no mesmo óleo. Quando os legumes estiverem macios, acrescente o molho de tomate e volte a adicionar as costelas. Misture e cubra com água. Adicione a folha de louro e cozinhe em fogo baixo até ficar quase macio.

Em seguida adicione as batatas assadas. Tempere com sal e cozinhe até as batatas ficarem macias.

TRAPACEANDO

Cache significa quebrar a batata com uma faca sem cortá-la completamente. Isso permite que as batatas percam o amido e as sopas fiquem mais ricas e espessas.

OVOS ASSADOS COM PÃO

CONTENTE

8 ovos

70 gramas de manteiga

70 gramas de farinha

farinha, ovo e pão ralado (para pão)

½ litro de leite

noz-moscada

azeite

sal e pimenta

RASCUNHO

Aqueça uma frigideira com azeite, frite os ovos, deixe as gemas cruas ou mal cozidas. Retire, tempere com sal e retire o excesso de óleo.

Faça o bechamel fritando a farinha na manteiga derretida durante 5 minutos. Mexendo sempre, acrescente o leite e cozinhe por 10 minutos em fogo médio. Polvilhe com noz-moscada e experimente.

Cubra cuidadosamente os ovos com bechamel por todos os lados. Deixe esfriar na geladeira.

Bata os ovos com a farinha, os ovos batidos e o pão ralado e frite em bastante óleo bem quente até dourar.

TRAPACEANDO

Quanto mais frescos os ovos, menos eles saltam quando fritos. Faça isso tirando da geladeira 15 minutos antes de fritar.

Batatas pistache

CONTENTE

750 gramas de batatas

25 gramas de manteiga

1 colher de chá de salsa fresca picada

2 colheres de sopa de azeite

sal e pimenta

RASCUNHO

Descasque as batatas e forme bolinhas com um furador. Ferva em uma panela com água fria e salgada. Quando ferverem pela primeira vez, espere 30 segundos e escorra.

Derreta a manteiga em uma panela com azeite. Adicione as batatas escorridas e escorridas e cozinhe em fogo médio-baixo até que as batatas estejam douradas e macias por dentro. Tempere com sal, pimenta e acrescente a salsa.

TRAPACEANDO

Também pode assá-los no forno a 175°C, mexendo de vez em quando, até ficarem macios e dourados.

OVOS MOLLE

CONTENTE

8 ovos

Sal

Vinagre

RASCUNHO

Cozinhe os ovos em água fervente com sal e vinagre por 5 minutos. Retire e deixe esfriar imediatamente em água gelada e descasque com cuidado.

TRAPACEANDO

Adicione uma quantidade generosa de sal à água para descascar facilmente os ovos cozidos.

BATATAS NA RIOJANA

CONTENTE

2 batatas grandes

1 colher de chá de chouriço ou pimenta Ñora

2 dentes de alho

1 chouriço asturiano

1 pimentão verde

1 folha de louro

1 cebola

pimenta

4 colheres de sopa de azeite

Sal

RASCUNHO

Frite o alho picado no azeite por 2 minutos. Adicione a cebola cortada em juliana e o pimentão e leve ao forno por 25 minutos em fogo médio-baixo (deve ficar da mesma cor que se fosse caramelizado). Adicione uma colher de chá de chouriço.

Adicione o chouriço picado e frite por mais 5 minutos. Adicione as batatas cacheadas e cozinhe por mais 10 minutos, mexendo sempre. Com sal.

Adicione a páprica e cubra com água. Cozinhe com as folhas de louro em lume muito baixo até as batatas estarem cozidas.

TRAPACEANDO

Você pode fazer creme com as sobras. Este é um ótimo aperitivo.

batata lula

CONTENTE

3 batatas grandes

1 kg de lula limpa

3 dentes de alho

1 caixa de ervilhas

1 cebola grande

Estoque de Peixes

salsinha

azeite

Sal

RASCUNHO

Pique finamente a cebola, o alho e a salsa. Frite tudo em uma frigideira em fogo médio.

Quando os legumes ferverem, aumente o fogo e cozinhe as lulas cortadas em pedaços médios por 5 minutos. Cubra com caldo de peixe (ou água fria) e cozinhe até a lula amolecer. Tempere com sal e acrescente as batatas e as ervilhas descascadas e cortadas em cubos.

Reduza o fogo e cozinhe até que as batatas estejam prontas. Tempere com sal e sirva quente.

TRAPACEANDO

É muito importante fritar as lulas em fogo muito alto, caso contrário elas ficarão duras e pouco suculentas.

Omelete DE CARREIRA DE ALHO

CONTENTE

8 ovos

350 g de camarões descascados

4 dentes de alho

1 calabresa

azeite

Sal

RASCUNHO

Pique o alho e frite levemente junto com a calabresa. Adicione os camarões, sal e retire do fogo. Escorra o camarão, o alho e a pimenta caiena.

Aqueça bem a panela com óleo de alho. Bata os ovos e tempere. Adicione o camarão e o alho e enrole-os e deixe endurecer um pouco.

TRAPACEANDO

Aqueça bem o azeite antes de adicioná-lo para que a tortilha não grude na frigideira.

BATATAS COM COD

CONTENTE

1 quilograma de batatas

500 g de bacalhau sem sal

Estoque 1 litro

2 dentes de alho

1 pimentão verde

1 pimenta vermelha

1 cebola

salsa fresca picada

azeite

Sal

RASCUNHO

Pique finamente a cebola, o alho e a pimenta. Asse os legumes em fogo baixo por 15 minutos.

Adicione a batata-caju (ralada, não fatiada) e frite por mais 5 minutos.

Despeje sobre o sal defumado e cozinhe até que as batatas estejam quase cozidas. Em seguida, adicione o bacalhau e a salsa e cozinhe por 5 minutos. Tempere com sal e sirva quente.

TRAPACEANDO

Você pode adicionar 1 copo de vinho branco e um pouco de pimenta caiena antes de fumar.

purê de batata

CONTENTE

400 gramas de batatas

100 gramas de manteiga

200 ml de leite

1 folha de louro

noz-moscada

sal e pimenta

RASCUNHO

Cozinhe as batatas lavadas e fatiadas juntamente com a folha de louro em fogo moderado até ficarem macias. Escorra as batatas e amasse-as num espremedor de batatas.

Ferva o leite com manteiga, noz-moscada, sal e pimenta.

Despeje o leite sobre as batatas e bata com um palito. Se necessário, corrija os que faltam.

TRAPACEANDO

Adicione 100 g de parmesão ralado e bata com um batedor. O resultado é delicioso.

TORTILHA DE FEIJÃO MORCILHA

CONTENTE

8 ovos

400 gramas de feijão

150 gramas de morcela

1 dente de alho

1 cebola

azeite

Sal

RASCUNHO

Ferva o feijão em água fervente com um pouco de sal até ficar macio. Coe e refresque com água fria e gelo.

Pique finamente a cebola e o alho. Frite a morcela por 10 minutos em fogo baixo, tomando cuidado para não quebrá-la. Adicione o feijão e cozinhe por mais 2 minutos.

Bata os ovos e o sal. Adicione o feijão e amasse-o em uma panela bem quente.

TRAPACEANDO

Para uma refeição ainda mais saborosa, descasque cada feijão assim que esfriar. Uma textura mais fina é criada.

omelete

CONTENTE

8 ovos

100 g de brotos de alho

8 fatias de torrada

8 aspargos selvagens

2 dentes de alho

azeite

sal e pimenta

RASCUNHO

Pique finamente os rebentos de alho e os espargos descascados. Pique o alho e frite levemente com os brotos de alho e os aspargos. Temporada.

Adicione os ovos batidos, mexendo sempre, até ficarem ligeiramente firmes. Ovos mexidos são servidos em fatias de pão torradas.

TRAPACEANDO

Os ovos também podem ser preparados em uma tigela em banho-maria médio-alto, mexendo sempre. Eles terão uma textura cremosa.

BATATAS COM SEMENTES

CONTENTE

6 batatas grandes

500 gramas de chanterelles

1 colher de chá rasa de páprica doce

1 dente de alho

1 cebola

½ pimentão verde

½ pimenta vermelha

páprica picante

Estoque (o suficiente para cobrir)

RASCUNHO

Frite os legumes em pedaços pequenos em fogo baixo por 30 minutos. Adicione as batatas cachelada (raladas, não fatiadas) e frite por 5 minutos. Adicione chanterelles limpos, sem talos, cortados em quartos.

Frite por 3 minutos e adicione páprica doce em pó e uma pitada de pimenta caiena. Despeje sobre a sopa e salgue (deixe ficar um pouco mole). Cozinhe em fogo baixo e ajuste o sal.

TRAPACEANDO

Retire um pouco das batatas cozidas com um pouco do caldo, amasse e volte ao refogado para engrossar o molho.

JURGČKI E OMELETA DE CARREIRA

CONTENTE

8 ovos

400 g de pães limpos

150 gramas de camarão

3 dentes de alho

2 colheres de sopa de azeite

sal e pimenta

RASCUNHO

Pique o alho finamente e frite numa frigideira em fogo médio.

Pique as cebolinhas finamente, aumente o fogo e coloque na frigideira com o alho. Cozinhe por 3 minutos. Adicione o camarão descascado e temperado e cozinhe por mais 1 minuto.

Bata os ovos e adicione sal. Adicione os cogumelos porcini e os camarões. Aqueça muito bem uma panela com 2 colheres de sopa de óleo e deixe a tortilha enrolar dos dois lados.

TRAPACEANDO

Quando todos os ingredientes estiverem combinados, adicione uma pitada de óleo de trufas. o prazer é meu

IMAGEM DE OVO

CONTENTE

8 ovos

125g de queijo parmesão

8 fatias de presunto serrano

8 fatias de torrada

Béchamel (ver secção sopas e molhos)

Vinagre

sal e pimenta

RASCUNHO

Ferva os ovos com bastante água fervente com sal e um fio de vinagre. Desligue o fogo, tampe a panela e espere 3 ou 4 minutos. Retire e refresque com água e gelo. Retire com uma escumadeira e deixe repousar sobre papel de cozinha.

Divida o presunto serrano em 4 potes. Coloque os ovos, cubra com bechamel e polvilhe com parmesão ralado. Grelhe até o queijo dourar.

TRAPACEANDO

Pode ser preparado com bacon defumado ou até sobrasado.

Omelete com abóbora e tomate

CONTENTE

8 ovos

2 tomates

1 frasco

1 cebola

azeite

Sal

RASCUNHO

Corte a cebola em tiras finas e frite em fogo baixo por 10 minutos.

Corte a abobrinha e o tomate em rodelas e refogue em uma frigideira bem quente. Quando dourar, corte a abobrinha e o tomate em tiras finas. Adicione a cebola e tempere com sal.

Bata os ovos e adicione aos legumes. ajuste o sal. Aqueça bem a frigideira e deixe a tortilha rolar até a metade em contato com toda a superfície da frigideira, depois enrole-a sobre si mesma.

TRAPACEANDO

Experimente com berinjela assada e bechamel como acompanhamento.

REVOLCONA DE BATATA TORREZNOS

CONTENTE

400 gramas de batatas

1 colher de sopa de pimenta

2 fatias de bacon marinado para Torreznos

2 dentes de alho

pimenta caiena moída

azeite

Sal

RASCUNHO

Descasque as batatas e cozinhe-as numa panela até ficarem bem macias. Guarde a água para cozinhar.

Enquanto isso, cozinhe o bacon fatiado em fogo baixo por 10 minutos ou até ficar crocante. Remova Torreznos.

Frite o alho picado no mesmo óleo. Frite também a pimenta e coloque imediatamente na panela de batatas. Adicione um pouco de sal e uma pitada de pimenta caiena moída.

Esmague alguns palitos e, se necessário, mergulhe as batatas num pouco de caldo, que é fervido.

TRAPACEANDO

Sempre cozinhe as batatas em água fria para evitar o endurecimento ou a imersão prolongada.

Omelete DE COGUMELO PARMESÃO

CONTENTE

8 ovos

300 g de cogumelos fatiados

150g de parmesão ralado

4 dentes de alho

1 calabresa

azeite

Sal

RASCUNHO

Pique o alho e frite levemente junto com a calabresa. Em fogo alto, adicione os cogumelos, sal e frite por 2 minutos. Retire do fogo. Escorra os cogumelos, o alho e a pimenta.

Aqueça bem a panela com óleo de alho. Bata os ovos e tempere, acrescente os cogumelos, o parmesão ralado e o alho. Deixe a tortilha enrolar levemente enrolando-a sobre si mesma.

TRAPACEANDO

Acompanha perfeitamente um bom molho de tomate com cominho.

batatas suflê

CONTENTE

1 kg de batatas do mesmo tamanho

2 litros de azeite

Sal

RASCUNHO

Descasque as batatas e corte-as em retângulos. Corte as batatas com uma mandolina numa espessura de cerca de 4 mm. Coloque-os sobre papel de cozinha (não em água) e seque bem.

Aqueça o óleo em uma panela a cerca de 150 °C (ele forma espuma continuamente). Adicione as batatas aos poucos, sacudindo suavemente a panela em movimentos circulares. Cozinhe por 12 minutos ou até ferver na superfície. Retire e guarde em papel absorvente.

Aumente o fogo para a temperatura mais alta possível até ficar perfumado e adicione as batatas aos poucos, mexendo com uma escumadeira. Eles vão inchar neste momento. Sal e sirva.

TRAPACEANDO

Podem ser preparados no dia anterior; Eles só devem ser armazenados na geladeira sobre papel toalha. Antes de comer, coloque as últimas batatas fritas em óleo bem quente para que inchem e fiquem crocantes. Sal no final. É muito importante que as batatas estejam secas, por ex. B. azedo. Funciona muito bem.

OMELETE

CONTENTE

7 ovos grandes

800 g para batatas fritas

azeite natural

Sal

RASCUNHO

Descascar as batatas. Corte longitudinalmente em quartos e depois corte em fatias finas. Aqueça o óleo a uma temperatura média. Adicione as batatas e frite até ficarem macias e levemente douradas.

Bata os ovos e o sal. Escorra bem as batatas e junte-as aos ovos mexidos. ajuste o sal.

Aqueça muito bem a frigideira, acrescente 3 colheres de sopa de óleo de batata e despeje a mistura de ovo e batata. Mexa por 15 segundos em fogo alto e vire com um prato. Aqueça novamente a panela e adicione 2 colheres de sopa de óleo das batatas fritas. Adicione a tortilha e frite em fogo alto por 15 segundos. Pegue e sirva.

TRAPACEANDO

Aqueça bem a frigideira antes de adicionar o óleo para evitar que a tortilha grude. Se preferir a carne bem cozida, quando a carne estiver voltada para fora e levemente dourada, reduza o fogo e continue cozinhando até que gostemos.

BATATA DUQUESA

CONTENTE

500 gramas de batatas

60 gramas de manteiga

3 ovos

noz-moscada

2 colheres de sopa de azeite

sal e pimenta

RASCUNHO

Descasque e corte as batatas em quartos e deixe ferver em água com sal durante 30 minutos. Coe e passe por uma fábrica de alimentos.

Ainda quente, adicione sal, pimenta, noz-moscada, manteiga e 2 gemas. Misture bem.

Em um prato coberto com papel manteiga, forme pilhas de batatas com 2 colheres untadas. Espalhe outro ovo batido e leve ao forno a 180°C até dourar.

TRAPACEANDO

O ideal é colocar o purê em um saco com ponta curva.

ARROZ CUBANO

CONTENTE

Arroz pilaf (ver seção Arroz e macarrão)

4 ovos

4 bananas

Molho de tomate (ver seção de sopas e molhos)

Fama

azeite

RASCUNHO

Prepare arroz pilaf e molho de tomate.

Frite os ovos em bastante óleo bem quente para que as gemas enrolem um pouco.

Farinha as bananas e frite até dourar.

Separe o arroz, cubra com o molho de tomate e sirva com ovos mexidos e banana.

TRAPACEANDO

As bananas fritas podem ser interessantes, mas o seu sabor faz parte da receita original.

Pão de arroz com mexilhões, amêijoas e camarões

CONTENTE

800 gramas de arroz

250 gramas de mexilhões

Com 250 g de cascas de moluscos limpas

100 g de camarões descascados

2 litros de caldo de peixe

1 colher de sopa de chouriço

2 dentes de alho

1 cebola

1 tomate ralado

azeite

Sal

RASCUNHO

Lave os mexilhões em uma tigela com água fria e 4 colheres de sal.

Pique a cebola e o alho finamente e cozinhe em fogo baixo por 15 minutos.

Adicione o tomate ralado e o chouriço e frite até os tomates perderem o suco.

Adicione o arroz e frite por 3 minutos. Lave com o defumado até o sal e cozinhe em fogo médio por cerca de 18 minutos ou até que o arroz esteja cozido.

Nos últimos 3 minutos, adicione os mexilhões, as amêijoas e os camarões.

TRAPACEANDO

Limpeza significa imersão em água fria e salgada; desta forma as ostras ou outras ostras expelirão toda a areia e sujeira que possuem.

ARROZ DE CANTÃO COM FRANGO

CONTENTE

200 g de arroz longo

50 gramas de ervilhas cozidas

150 ml de molho de tomate

½dl de molho de soja

2 peitos de frango

2 fatias de abacaxi em calda

1 pimentão verde grande

1 cebolinha grande

azeite

sal e pimenta

RASCUNHO

Cozinhe o arroz em bastante água fervente com sal por 14 minutos. Coe e deixe esfriar.

Pique finamente o pimentão e a cebolinha e cozinhe por 10 minutos em fogo baixo. Aumente o fogo e acrescente o frango, tempere e corte em tiras.

Frite um pouco e acrescente o arroz, a soja, a ervilha e o abacaxi. Deixe esfriar em fogo baixo até secar.

Adicione os tomates, aumente o fogo e frite até o arroz ficar cozido.

TRAPACEANDO

Frite o arroz nos últimos 2 minutos, quando a soja estiver completamente reduzida. Você pode adicionar alguns camarões ou camarões cozidos.

ARROZ ARROZ

CONTENTE

500 gramas de arroz

1 ¼ l de frango ou caldo

1 salsicha

1 salsicha

1 chouriço de sangue

1 coelho

1 frango pequeno

1 tomate

10 ovos

açafrão ou corante

azeite

sal e pimenta

RASCUNHO

Aqueça o forno a 220°C. Pique o chouriço, a linguiça e a morcela em pedaços pequenos e frite em fogo alto numa panela de paella. Retire e reserve.

Frite o coelho fatiado e o frango no mesmo óleo. Tempere e adicione o tomate ralado. Cozinhe até acabar a água.

Adicione a linguiça e o arroz e cozinhe por 2 minutos.

Mergulhe em caldo salgado, adicione açafrão ou corante alimentar e cozinhe por 7 minutos em fogo moderado. Adicione os ovos e cozinhe por 13 minutos.

TRAPACEANDO

Bata levemente sem sal para que os ovos no forno aumentem consideravelmente.

ARROZ CATALONIANO

CONTENTE

500 gramas de arroz

500 gramas de tomate

150 g de linguiça fresca

150 g de carne picada mista

100 g de cebola picada

1 litro de caldo

1 ½ colher de chá de páprica

1 colher de chá de salsa fresca

1 colher de chá de farinha

½ colher de farinha

3 dentes de alho

2 folhas de louro

1 ovo

10 fios de açafrão

açúcar

1 colher de sopa de manteiga

azeite

sal e pimenta

RASCUNHO

Misture a carne moída, a salsa, 1 dente de alho picado, o ovo, o sal e a pimenta. Sove tudo e forme bolinhas. Frite em óleo, retire e guarde.

Frite a manteiga no mesmo óleo em fogo baixo. Adicione a farinha e ½ colher de chá de pimenta vermelha e frite por mais 1 minuto. Adicione os tomates cortados em quartos e 1 folha de louro. Tampe e cozinhe por 30 minutos, mexendo, coando e polvilhando com sal e açúcar se necessário.

Cozinhe salsichas fatiadas e almôndegas em molho de tomate por 5 minutos.

Frite à parte os outros 2 dentes de alho e a cebola picadinha, acrescente o arroz, 1 colher de chá de pimentão vermelho, a segunda folha de louro e mexa por 2 minutos. Adicione o açafrão e a água fervente até dar ponto de sal e cozinhe por 18 minutos ou até que o arroz esteja cozido.

TRAPACEANDO

Você também pode adicionar salsicha a este prato de arroz.

FEIJÃO BRANCO E ARROZ DEFICIENTE

CONTENTE

300 gramas de arroz

250 gramas de feijão branco

450 g de acelga

½ litro de caldo de galinha

2 dentes de alho

1 tomate ralado

1 cebola

1 colher de chá de pimenta vermelha

10 fios de açafrão

azeite

Sal

RASCUNHO

Mergulhe o feijão na noite anterior. Cozinhe até ficar macio em água fria sem sal. Reservas.

Limpe as folhas de acelga e corte-as em pedaços médios. Limpe, descasque e corte as folhas em pedaços pequenos. Cozinhe em água fervente com sal por 5 minutos ou até ficar macio. Atualizar.

Corte a cebola e o alho em pedaços pequenos. Frite-os em uma panela em fogo baixo. Adicione páprica e açafrão. Deixe ferver por 30 segundos. Adicione os tomates, aumente o fogo e cozinhe até que os tomates percam completamente o suco.

Adicione o arroz e cozinhe por mais 2 minutos. Adicione à canja 250 ml de água para cozinhar o feijão e 250 ml de água para cozinhar a acelga. Adicione sal e adicione ao arroz. Cozinhe por 15 minutos, adicione a acelga e o feijão e cozinhe por mais 3 minutos.

TRAPACEANDO

No final do cozimento, mexa delicadamente o arroz para liberar o amido e engrossar a água.

ARROZ DE ATUM FRESCO

CONTENTE

200 gramas de arroz

250 g de atum fresco

1 colher de chá de páprica doce

½ l de caldo de peixe

4 tomates ralados

3 pimentões piquillo

1 pimentão verde

2 dentes de alho

1 cebola

10 fios de açafrão

Sal

RASCUNHO

Frite o atum picado em uma panela de paella em fogo alto. Retire e reserve.

Corte a cebola, o pimentão verde e o alho em pedaços pequenos. Frite o atum no mesmo óleo em fogo baixo por 15 minutos.

Adicione o açafrão, a pimenta caiena, a pimenta piquillo cortada em cubos médios e o tomate ralado. Cozinhe até que os tomates percam completamente o suco.

Em seguida adicione o arroz e cozinhe por mais 3 minutos. Lave em água salgada e cozinhe por 18 minutos. Adicione o atum novamente cerca de 1 minuto antes de o arroz estar cozido. Aguarde 4 minutos.

TRAPACEANDO

É preciso ter cuidado com o atum. Se você exagerar, ficará muito seco e sem gosto.

ARROZ DE FRANGO, BACON, AMÊNDOA E SECO

CONTENTE

300 gramas de arroz

175g de bacon

150 g de amêndoas torradas em lascas

75 gramas de passas

700 ml de caldo de galinha

1 peito de frango

10 fios de açafrão

1 pimentão verde

1 pimenta vermelha

1 dente de alho

1 tomate ralado

1 cebolinha

azeite

sal e pimenta

RASCUNHO

Corte o peito em pedaços médios, polvilhe com sal e pimenta e leve ao forno alto. Retire e reserve. Frite os cubos de bacon no mesmo óleo. Retire e reserve.

Pique todos os vegetais, exceto os tomates. Frite em fogo baixo por 15 minutos, acrescente o açafrão e a páprica. Frite por 30 segundos. Adicione o tomate ralado e cozinhe em fogo alto até que todo o suco evapore.

Adicione o arroz e frite por 3 minutos, mexendo sempre. Adicione o frango, as passas e o bacon. Lave em água salgada e cozinhe por 18 minutos. Deixe repousar 4 minutos e sirva polvilhando as amêndoas por cima.

TRAPACEANDO

Para deixar as passas mais macias, recomenda-se umedecê-las com água ou um pouco de rum.

ARROZ COM BACALHAU E FEIJÃO BRANCO

CONTENTE

200 gramas de arroz

250g de bacalhau sem sal

125 g de feijão branco cozido

½ l de caldo de peixe

1 cebolinha

1 dente de alho

1 tomate ralado

1 pimentão verde

10 fios de açafrão

azeite

Sal

RASCUNHO

Pique finamente a cebola, o alho e a pimenta e frite em fogo baixo por 15 minutos. Adicione o açafrão e o tomate ralado e cozinhe até quase não restar água nos tomates.

Adicione o arroz e cozinhe por 3 minutos. Despeje a sopa até o limite de sal e cozinhe por cerca de 16 minutos. Adicione o bacalhau e o feijão. Cozinhe por mais 2 minutos e deixe por 4 minutos.

TRAPACEANDO

Para secar completamente o arroz, pode-se levar ao forno para a primeira cozedura. 18 minutos a 200ºC são suficientes.

ARROZ com lagosta

CONTENTE

250 gramas de arroz

150 gramas de mexilhões

¾ l de sopa de peixe (ver capítulo sobre sopas e molhos)

1 lagosta grande

1 colher de sopa de salsa picada

2 tomates ralados

1 cebola

1 dente de alho

10 fios de açafrão

azeite

Sal

RASCUNHO

Corte a lagosta ao meio. Lave as amêijoas durante 2 horas em bastante água fria com sal.

Frite a lagosta dos dois lados em um pouco de óleo. Mergulhe a cebola e o alho picados no mesmo óleo e adicione. Ferva em fogo baixo por 10 minutos.

Adicione o açafrão, cozinhe por 30 segundos, aumente o fogo e acrescente os tomates. Cozinhe até que os tomates percam completamente o suco.

Adicione o arroz e cozinhe por 2 minutos. Adicione sal à sopa fervente e cozinhe por mais 14 minutos. Adicione as amêijoas e a lagosta com a carne voltada para baixo. Cubra e deixe por 4 minutos.

TRAPACEANDO

Para tornar este arroz doce, você precisa adicionar três vezes mais caldo que o arroz. Se quiser que fique como uma sopa, você precisa adicionar 4 vezes mais caldo do que arroz.

ARROZ GREGO

CONTENTE

600 gramas de arroz

250 g de linguiça fresca

100 g de bacon cortado em pedaços pequenos

100 gramas de pimenta vermelha

100 gramas de cebola

50 gramas de ervilhas

1 litro de caldo

1 folha de louro

1 raminho de tomilho

sal e pimenta

RASCUNHO

Pique a cebola e a pimenta e frite em fogo moderado.

Corte a linguiça em pedaços e junte à cebola frita e ao pimentão. Adicione o bacon e cozinhe por 10 minutos.

Adicione arroz e água ao sal, ervilhas e ervas. Tempere com sal e pimenta e cozinhe em fogo baixo por mais 15 minutos.

TRAPACEANDO

Podemos usar pimentão piquillo; Eles dão o toque perfeito de doçura.

ARROZ DE PÃO

CONTENTE

600 gramas de arroz

500 gramas de tomate

250 g de cogumelos limpos

150 gramas de manteiga

90 gramas de cebola

75g de parmesão ralado

1 le ¼ de sopa

12 fios de açafrão

Sal

RASCUNHO

Frite a cebola fatiada em fogo baixo na manteiga por 10 minutos. Adicione os tomates em pedaços pequenos e frite por mais 10 minutos para que os tomates percam o suco.

Adicione o arroz e frite por 2 minutos. Em seguida, adicione os cogumelos fatiados e o açafrão.

Adicione água fervente até o ponto de sal e cozinhe por cerca de 18 minutos ou até o arroz ficar macio. Adicione o queijo e misture.

TRAPACEANDO

O açafrão será distribuído uniformemente se for levemente frito em papel alumínio e polvilhado com sal em um pilão.

ARROZ DO MAR

CONTENTE

500 gr de bomba ou arroz redondo

1 ½ l de caldo de peixe

1 cebola

1 pimenta vermelha

1 pimentão verde

1 tomate grande, picado

2 dentes de alho

8 fios de açafrão

8 lulas pequenas

Vários frutos do mar (camarão, camarão, etc.)

azeite

Sal

RASCUNHO

Prepare o caldo de peixe com espinhas, cabeças e cascas de peixe. Faça isso fervendo tudo em fogo baixo por 25 minutos com água suficiente para cobrir enquanto cozinha. Coe e tempere com sal.

Entretanto, pique a cebola, o pimentão e o alho em cubos e frite-os num pouco de azeite. Adicione as lulas jovens fatiadas e cozinhe em fogo alto por 2 minutos. Adicione o tomate ralado e cozinhe até perder o suco.

Adicione o arroz e frite. Adicione o açafrão, fume até ficar salgado e cozinhe por 18 minutos em fogo médio.

Adicione o lagostim, que limpamos bem nos últimos 2 minutos e escorramos da grelha se desejar. Deixe descansar por 5 minutos.

TRAPACEANDO

Se adicionar um pouco de ñora ao defumado, a sopa ficará mais saborosa e com uma cor mais bonita.

ARROZ TRÊS SABORES

CONTENTE

400 gramas de arroz

150 gramas de presunto cozido

150 gramas de ervilhas

3 cenouras

3 ovos

azeite

Sal

RASCUNHO

Frite o arroz em um pouco de óleo e cozinhe em água fervente com sal.

Enquanto isso, descasque as cenouras, corte-as em pedaços pequenos e frite em fogo alto. Ferva as ervilhas em água fervente com sal por 12 minutos. Coe e deixe esfriar.

Faça uma omelete francesa com 3 ovos. Corte o presunto cozido em cubos e misture com o arroz. Cozinhe por 5 minutos em fogo baixo. Adicione as cenouras, as ervilhas e a tortilha em fatias finas.

TRAPACEANDO

Use arroz longo de melhor qualidade para esta receita. Você tem que cozinhá-lo com a quantidade certa de água.

ARROZ PULVERIZADO

CONTENTE

500 g de bomba de arroz

2 perdizes

1 cebola

1 pimenta vermelha

1 pimentão verde

1 cenoura

2 dentes de alho

2 colheres de sopa de tomate assado

1 folha de louro

Orégano

conhaque

azeite

sal e pimenta

RASCUNHO

Pique as perdizes e tempere-as. Frite-os em uma frigideira em fogo alto. Retire e reserve. Frite no mesmo óleo o pimentão picado, a cebola, o alho e a cenoura.

Adicione os tomates assados e o conhaque e reduza. Em seguida, adicione o tomilho, o louro e as perdizes. Adicione água e uma pitada de sal e cozinhe em fogo baixo até as perdizes ficarem macias.

Quando as perdizes estiverem macias, retire-as da sopa e deixe no mesmo recipiente apenas 1,5 litros de água da cozedura.

Aqueça a sopa até ao sal e junte novamente o arroz e as perdizes. Cozinhe por cerca de 18 minutos, mexendo levemente no final para amolecer o arroz.

TRAPACEANDO

Esta receita pode ser feita durante a noite. Você só precisa adicionar arroz.

RISOTTA COM SALMÃO E ÁRVORES SELVAGENS

CONTENTE

240 g de arroz arbóreo

150g de queijo parmesão

600 cl de sopa

1 copo de vinho branco

2 colheres de sopa de manteiga

4 aspargos selvagens

1 cebola

4 fatias de salmão defumado

RASCUNHO

Frite a cebola picada em 1 colher de sopa de manteiga em fogo baixo por 10 minutos. Adicione o arroz e cozinhe por mais 1 minuto. Despeje o vinho e deixe evaporar completamente.

Enquanto isso, corte os aspargos em rodelas pequenas e cozinhe-os no vapor. Reservas

Aqueça a sopa até o sal e acrescente ao arroz (deve ficar um centímetro acima do arroz). Quando o líquido evaporar, acrescente mais sopa e cozinhe em fogo baixo sem parar de mexer.

Quando o arroz estiver quase cozido (deve sobrar sempre um pouco de caldo), adicione os espargos fritos e as folhas de salmão fumado.

Finalize com queijo parmesão e mais uma colher de manteiga e misture. Deixe descansar por 5 minutos antes de servir.

TRAPACEANDO

O vinho também pode ser tinto, rosé ou cava. O arroz pode ser preparado com antecedência. Basta cozinhar o arroz por 10 minutos, congelar até esfriar e guardar na geladeira. Se quiser prepará-lo, despeje água fervente sobre ele e espere até que o arroz esteja cozido.

Arroz de tamboril, grão de bico e espinafres

CONTENTE

300 gramas de arroz

250 g de grão de bico cozido

250 g de espinafre fresco

450 g de tamboril em pedaços

750 ml de caldo de peixe

10 fios de açafrão

2 dentes de alho

1 cebolinha

1 tomate ralado

1 colher de chá de pimenta vermelha

azeite

sal e pimenta

RASCUNHO

Tempere o tamboril e frite-o numa frigideira de paella quente. Reservas.

Pique finamente a cebola e o alho. Frite em fogo baixo por 10 minutos na mesma panela de paella onde cozinhamos a vieira. Adicione o espinafre picado e cozinhe por mais 3 minutos.

Adicione a páprica e o açafrão e cozinhe por 30 segundos. Adicione o tomate ralado e cozinhe até que a água seja absorvida.

Adicione o arroz e frite por 2 minutos. Lave em água salgada e cozinhe por 15 minutos. Adicione a salsa e o grão de bico e cozinhe por mais 3 minutos.

TRAPACEANDO

O resto do arroz é obrigatório. Você deve esperar pelo menos 4 minutos antes de servir.

ARROZ OU CALDEIRO

CONTENTE

200 gramas de arroz

150 g de carne de porco magra

150g de costelinha de porco

¼ coelho

¼ l de caldo de carne ou frango

10 fios de açafrão

2 tomates ralados

2 dentes de alho

1 pimentão vermelho pequeno

1 cebola

azeite

sal e pimenta

RASCUNHO

Tempere a carne de porco, o coelho e a costela picada e frite em fogo alto. Retire e reserve.

No mesmo azeite, refogue levemente a cebola, a pimenta e o alho picado por 15 minutos. Adicione o açafrão e o tomate ralado. Cozinhe até que os tomates percam completamente o suco.

Adicione o arroz e cozinhe por 2 minutos. Lave em água e sal e cozinhe por mais 18 minutos.

TRAPACEANDO

O arroz deve ficar pegajoso. Caso contrário, acrescente um pouco mais de caldo no final do cozimento e mexa delicadamente.

arroz preto com lula

CONTENTE

400 gramas de arroz

1 litro de caldo de peixe

16 camarões descascados

8 lulas pequenas

1 dente de alho

2 colheres de sopa de molho de tomate

8 sacos de tinta de lula

½ cebola

½ pimentão verde

½ pimenta vermelha

½ copo de vinho branco

azeite

Sal

RASCUNHO

Pique finamente a cebola, o alho e a pimenta e frite numa panela de paella em fogo baixo até os legumes amolecerem.

Corte as lulas pequenas limpas em vieiras médias e cozinhe em fogo alto por 3 minutos. Adicione o molho de tomate e cozinhe por mais 5 minutos.

Despeje o vinho e deixe diluir completamente. Adicione o arroz e os sacos de tinta e frite por mais 3 minutos.

Adicione água fervente até o ponto de sal e cozinhe a 400ºF por 18 minutos ou até secar. Nos últimos 5 minutos, adicione os camarões e deixe repousar mais 5 minutos antes de servir.

TRAPACEANDO

No final do arroz cozido, eles saem dos pontinhos com mais facilidade. Este é um bom aioli para acompanhar.

ARROZ ARROZ

CONTENTE

300 g de arroz de grão curto

120 gramas de manteiga

60 gramas de cebola

600 ml de caldo de galinha (ou água fervente)

2 dentes de alho

1 raminho de tomilho, salsa e louro

RASCUNHO

Pique a cebola e o alho em brunoise e frite na manteiga sem alterar a cor.

Quando começar a ficar transparente, acrescente um monte de guarnições e arroz. Frite o arroz na manteiga até ficar bem encharcado. Despeje o caldo ou água fervente com sal e misture.

Cozinhe em fogo alto por cerca de 6 ou 7 minutos, depois reduza para baixo, tampe e cozinhe por mais 12 minutos.

TRAPACEANDO

Pode ser assado no forno a 200°C por 12 minutos até secar. Este arroz é utilizado como prato principal ou junto com carnes e peixes.

FIDEUÁ DE PEIXES E MARISCOS

CONTENTE

400 g de macarrão fino

350 gramas de tomate

250 g de tamboril

800 ml de caldo

4 camarões

1 cebola pequena

1 pimentão verde

2 dentes de alho

1 colher de sopa de pimenta

10 fios de açafrão

azeite

sal e pimenta

RASCUNHO

Frite em uma frigideira ou paella e mergulhe o macarrão no óleo. Retire e reserve.

No mesmo óleo frite a lagosta norueguesa e o tamboril temperado. Retire e reserve.

Pique finamente a cebola, o pimentão e o alho no mesmo azeite. Adicione pimenta, açafrão e tomate ralado e cozinhe por 5 minutos.

Adicione o macarrão e misture. Umedeça até a ponto de sal defumado e cozinhe em fogo médio-alto por 12 minutos ou até que o caldo evapore. Após 3 minutos de cozimento, adicione a lagosta norueguesa e o tamboril.

TRAPACEANDO

Também aioli preto. Basta fazer um aioli simples e misturá-lo com um saco de tinta de lula.

MASSA PUTANESA

CONTENTE

1 pote de 60 g de anchovas

2 dentes de alho

2 colheres de sopa de alcaparras

2 ou 3 tomates grandes ralados

20 azeitonas pretas sem caroço

1 calabresa

açúcar

orégano

parmesão

RASCUNHO

Frite as anchovas picadas em fogo baixo no óleo da lata até quase ficar pronto. Adicione o alho picado em pedaços bem pequenos e cozinhe em fogo baixo por 4 minutos.

Adicione as alcaparras em cubos, os tomates ralados e as azeitonas sem caroço e cortadas em quartos. Cozinhe em fogo médio com o colorau por cerca de 10 minutos (retire assim que o molho estiver pronto) e ajuste o açúcar se necessário. Adicione tomilho e parmesão a gosto.

Cozinhamos todo tipo de macarrão e cobrimos com putanesca.

TRAPACEANDO

Você pode adicionar algumas cenouras raladas e vinho tinto ao preparo.

CANELAS COM SPINCH

CONTENTE

500 g de espinafre

200 gramas de queijo cottage

75g de parmesão ralado

50 g de pinhões torrados

16 pratos de macarrão

1 ovo mexido

Molho de tomate (ver seção de sopas e molhos)

Béchamel (ver secção sopas e molhos)

Sal

RASCUNHO

Ferva as folhas de macarrão em bastante água fervente. Retire, deixe esfriar e seque sobre uma toalha limpa.

Cozinhe o espinafre em água fervente com sal por 5 minutos. Coe e deixe esfriar.

Misture o queijo, os pinhões, o espinafre, o ovo e o sal em uma tigela. Recheie os canelones com a mistura e dê-lhes um formato cilíndrico.

Coloque a base do molho de tomate na assadeira, coloque os canelones e finalize com o bechamel. Asse a 185°C por 40 minutos.

TRAPACEANDO

Você pode usar qualquer tipo de queijo para o recheio e acompanhar com uma espécie de Burgos para mais textura e maciez.

ENTREGA DE ESPAGUETE

CONTENTE

400 gramas de espaguete

500 gramas de mexilhões

1 cebola

2 dentes de alho

4 colheres de sopa de água

1 tomate pequeno

1 copo pequeno de vinho branco

½ calabresa

azeite

Sal

RASCUNHO

Limpe as cascas mergulhando-as em água fria com sal por 2 horas.

Após a limpeza, ferva o camarão em uma panela tampada com 4 colheres de água e uma taça de vinho. Após aberto, retire e guarde a água do cozimento.

Pique a cebola em pedaços pequenos e frite o alho por 5 minutos. Adicione os tomates picados e cozinhe por mais 5 minutos, acrescente o colorau e cozinhe até dourar bem.

Aumente o fogo e despeje o caldo em que os mexilhões foram cozidos. Cozinhe por 2 minutos até o vinho perder o álcool e acrescente as ostras. Cozinhe por mais 20 segundos.

Cozinhamos o espaguete separadamente, escorremos e fritamos junto com o molho e as ostras antes que esfrie.

TRAPACEANDO

Você também pode adicionar um pouco de tamboril picado, camarão ou ostras a este prato. O resultado é igualmente bom.

LASAGNA DE MASSA FRESCA FLORENTINA

CONTENTE

para camadas de massa

100 gramas de farinha

2 ovos

Sal

Para o molho de tomate

500 gramas de tomates maduros

250 gramas de cebola

1 dente de alho

1 cenoura pequena

1 copo pequeno de vinho branco

1 raminho de tomilho, alecrim e louro

1 pitada de presunto

Para o molho da manhã

80 gramas de farinha

60 g de parmesão ralado

80 gramas de manteiga

1 litro de leite

2 gemas

noz-moscada

sal e pimenta

outros componentes

150 g de espinafre fresco

Queijo parmesão ralado

RASCUNHO

para camadas de massa

Coloque a farinha em forma de vulcão sobre a mesa e coloque uma pitada de sal e um ovo no buraco do meio. Misture com os dedos.

Amasse na palma da mão, forme uma bola, cubra com um pano úmido e deixe descansar na geladeira por 30 minutos. Abra bem fino com um rolo, divida, cozinhe e deixe esfriar.

Para o molho de tomate

Frite a cebola, o alho e a cenoura junto com a ponta do presunto. Adicione o vinho e deixe diluir. Adicione os tomates cortados em quartos e as ervas e feche a tampa. Asse por 30 minutos. Ajuste o sal e o açúcar. Retire as ervas e o presunto e amasse.

Para o molho da manhã

Prepare o bechamel com os pesos acima (ver capítulo sopas e molhos). Adicione as gemas e o queijo fora do fogo.

O fim

Pique o espinafre finamente e cozinhe em água fervente por 5 minutos. Deixe esfriar bem e coe. Misture com molho matinal.

Sirva o molho de tomate no fundo do prato, depois coloque a massa fresca por cima e finalize com o espinafre. Repita o processo três vezes. Finalize com molho da manhã e parmesão ralado. Asse a 180°C por 20 minutos.

TRAPACEANDO

Você pode comprar folhas de lasanha para economizar tempo.

ESPAGUETE COM MOLHO CARBONARA

CONTENTE

400 gramas de macarrão

100 gramas de bacon

80g de queijo parmesão

2 ovos

azeite

sal e pimenta

RASCUNHO

Corte o bacon em tiras e frite numa frigideira aquecida com um pouco de azeite. Reservas.

Cozinhe o espaguete em água fervente com sal. Enquanto isso, quebre as gemas de 2 ovos e acrescente o queijo ralado e uma pitada de sal e pimenta.

Escorra o macarrão antes que esfrie e misture com o ovo batido antes que esfrie. Cozinhamos o macarrão em nosso próprio fogo. Adicione a pancetta e sirva com queijo ralado e pimenta.

TRAPACEANDO

Um bom merengue pode ser feito com clara de ovo.

CANELAS DE CARNE COM COGUMELOS E BESAMELLONES

CONTENTE

300 gramas de cogumelos

200 gramas de carne bovina

12 pratos de canelone ou massa fresca (100 g de farinha, 1 ovo e sal)

80g de queijo parmesão

½ litro de leite

1 cebola

1 pimentão verde

2 dentes de alho

1 xícara de molho de tomate

2 cenouras

40 gramas de farinha

40 gramas de manteiga

vinho branco

orégano

noz-moscada

sal e pimenta

RASCUNHO

Corte os legumes em pedaços pequenos e frite-os. Adicione a carne e continue cozinhando até que a carne perca a cor rosada. Temporada. Adicione o vinho branco e reduza. Adicione o molho de tomate e cozinhe por 30 minutos. Adicione um pouco de tomilho e deixe esfriar.

Prepare o bechamel com manteiga, farinha, leite e coco (ver capítulo sopas e molhos). Em seguida retire os cogumelos e amasse-os com bechamel.

Ferva as folhas de canelone. Recheie o macarrão com carne e embrulhe. Despeje o bechamel de cogumelos por cima e polvilhe com parmesão ralado. Asse a 190°C por 5 minutos e gratine.

TRAPACEANDO

Corte os canelones frios ao meio para que não se desfaçam. Depois as porções só precisam ser aquecidas no forno.

Skarpina e LASAGNA com lula

CONTENTE

para bechamel

50 gramas de manteiga

50 gramas de farinha

1 litro de leite

noz-moscada

Sal

molho de pimenta

2 pimentões vermelhos grandes

1 cebola pequena

azeite

açúcar

Sal

para carregar

400 g de garoupa

250 gramas de lula

1 cebola grande

1 pimentão vermelho grande

folhas de lasanha pré-cozidas

RASCUNHO

para bechamel

Frite a farinha com a manteiga e acrescente o leite para fazer um bechamel. Cozinhe por 20 minutos, mexendo sempre, e tempere com sal e noz-moscada.

molho de pimenta

Asse os pimentões e depois de assados, cubra-os e deixe descansar por 15 minutos.

Enquanto isso, frite a cebola cortada em tiras em bastante óleo. Descasque a pimenta, junte à cebola e frite por 5 minutos. Extraia um pouco de óleo e esmague-o.

Ajuste o sal e o açúcar conforme necessário.

para carregar

Frite a cebola fatiada e o pimentão e acrescente a cebolinha. Cozinhe por 3 minutos em fogo alto e acrescente as lulas. Cozinhe até ficar macio.

Despeje o bechamel em uma assadeira e coloque uma camada de macarrão de lasanha. Encha com peixe. Repita o processo três vezes.

Adoce com bechamel e leve ao forno durante 30 minutos a 170ºC.

Sirva com molho de pimenta por cima.

TRAPACEANDO

Se adicionar algumas cenouras cozidas e amassadas ao bechamel, ficará ainda mais picante.

PAELLA MISTA

CONTENTE

300 gramas de arroz

200 gramas de mexilhões

125 gramas de lula

125g de camarão

700 ml de caldo de peixe

½ frango fatiado

¼ coelho picado

1 raminho de alecrim

12 fios de açafrão

1 tomate

1 cebolinha

½ pimenta vermelha

½ pimentão verde

1 dente de alho

azeite

sal e pimenta

RASCUNHO

Pique o frango e o coelho, tempere e leve ao forno alto. Retire e reserve.

Frite a cebola picadinha, o pimentão e o alho no mesmo óleo por 10 minutos. Adicione o açafrão e frite por 30 segundos. Adicione o tomate ralado e cozinhe até que todo o suco evapore. Aumente o fogo e acrescente as lulas fatiadas. Cozinhe por 2 minutos. Adicione o arroz, frite por 3 minutos e cubra com caldo salgado.

Abra as amêijoas num tacho tapado com um pouco de água. Retire-os e faça reservas assim que abrirem.

Pré-aqueça o forno a 400°F e leve ao forno por cerca de 18 minutos ou até o arroz secar. Adicione o camarão no último momento. Retire as amêijoas e arrume-as. Cubra com um pano e deixe por 4 minutos.

TRAPACEANDO

Ao salgar a base de arroz seco, adicione sempre um pouco mais de sal do que o normal.

Lasanha de legumes com queijo fresco e cominho

CONTENTE

3 cenouras grandes

2 cebolas grandes

1 pimentão vermelho grande

1 berinjela grande

1 abobrinha grande

1 xícara de queijo Filadélfia

queijo ralado

cominho

macarrão para lasanha

Béchamel

RASCUNHO

Corte os legumes em pedaços pequenos e frite-os na seguinte ordem: cenoura, cebola, pimentão, berinjela e abobrinha. Reserve 3 minutos entre cada um. Depois de assado, acrescente o queijo e o cominho a gosto. Reservas.

Cozinhe a massa de lasanha de acordo com as instruções do fabricante e entretanto prepare o bechamel (ver secção Caldos e molhos).

Coloque uma camada de bechamel, outra camada de macarrão de lasanha e depois os legumes em uma assadeira antiaderente. Repita três vezes, polvilhe por cima uma camada de bechamel e queijo ralado. Leve ao forno a 190°C até o queijo ficar dourado.

TRAPACEANDO

Existem muitos tipos diferentes de cream cheese. Algumas cabras, ervas, salmão, etc. pode ser feito com

MASSA COM MOLHO DE ATUM COM IOGURTE

CONTENTE

400g de tagliatelle

50g de queijo parmesão

2 colheres de sopa de cream cheese

1 colher de sopa de tomilho

2 latas de atum em óleo

3 iogurtes

sal e pimenta

RASCUNHO

Num copo misturador, misture o atum escorrido, o queijo, o iogurte, o tomilho, o parmesão, o sal e a pimenta. Reservas.

Cozinhe o macarrão em bastante água e sal e escorra antes que esfrie. Misture o macarrão ainda quente com o molho e sirva.

TRAPACEANDO

Com este molho você pode fazer uma bela salada de macarrão fria sem maionese.

NHOQUE DE BATATA COM MOLHO DE QUEIJO AZUL DE AMENDOIM

CONTENTE

1 quilograma de batatas

250 gramas de farinha

150 gramas de creme

100 gramas de queijo azul

30 g de amendoim sem casca

1 copo de vinho branco

1 ovo

noz-moscada

sal e pimenta

RASCUNHO

Lave as batatas e ferva-as durante 1 hora com as cascas e o sal. Coe e deixe esfriar para poder descascar as cascas. Passe por um moedor, acrescente os ovos, o sal, a pimenta, a noz-moscada e a farinha. Amasse até grudar nas mãos. Deixe descansar por 10 minutos. Em seguida, divida a massa em bolinhas (nhoque).

Ferva o queijo azul no vinho e continue mexendo até que o vinho esteja quase totalmente reduzido. Adicione o creme de leite e cozinhe por 5 minutos. Tempere com sal e pimenta e acrescente o amendoim.

Ferva o nhoque em bastante água fervente, escorra e tempere com o molho.

TRAPACEANDO

Os nhoques estarão prontos quando começarem a flutuar.

MASSA DE CARBONARA DE SALMÃO

CONTENTE

400 gramas de espaguete

300 gramas de salmão

60g de queijo parmesão

200 ml de creme líquido

1 cebola pequena

2 ovos

azeite

sal e pimenta preta moída

RASCUNHO

Ferva o espaguete em bastante água e sal. Enquanto isso, rale o queijo e corte o salmão em pedaços pequenos.

Frite a cebola em um pouco de azeite e acrescente o salmão e as natas. Cozinhe até que o salmão esteja cozido e tempere com sal e pimenta. Assim que desligar, acrescente os ovos e o queijo parmesão ralado.

Sirva o espaguete preparado na hora com carbonara.

TRAPACEANDO

Adicione um pouco de bacon a este molho e é o recheio perfeito para berinjela assada.

MASSA COM SOLUÇÃO

CONTENTE

400g de tagliatelle

300 g de pães limpos

200 gramas de creme líquido

1 dente de alho

1 copo de licor

Sal

RASCUNHO

Ferva o macarrão em bastante água e sal. Coe e deixe esfriar.

Frite um dente de alho picado e acrescente os cogumelos fatiados. Cozinhe por 3 minutos em fogo alto. Adicione o conhaque e cozinhe até quase secar.

Adicione o creme de leite e cozinhe por mais 5 minutos. Sirva o macarrão e o molho.

TRAPACEANDO

Os cogumelos secos são uma ótima opção quando os cogumelos porcini não estão na estação.

www.ingramcontent.com/pod-product-compliance
Lightning Source LLC
Chambersburg PA
CBHW050158130526
44591CB00034B/1322